Peter Haerlin
Wie von selbst

Peter Haerlin

Wie von selbst

Vom Leistungszwang zur Mühelosigkeit

QUADRIGA

Aspekte des Menschen
Herausgegeben von Bernd Weidenmann

CIP-Kurztitelaufnahme der Deutschen Bibliothek
Haerlin, Peter:
Wie von selbst : vom Leistungszwang zur Mühelosigkeit /
Peter Haerlin. – Weinheim ; Berlin : Quadriga, 1987.
(Aspekte des Menschen)
ISBN 3-88679-807-0

© 1987 Quadriga Verlag · Weinheim und Berlin
Umschlaggestaltung: Manfred Manke
Gesamtherstellung: Druckhaus Beltz · 6944 Hemsbach
Printed in Germany
ISBN 3-88679-807-0

INHALT

I
LEISTUNG

Münchhausen, der Morast und das Pferd

Der folgende Versuch beschäftigt sich mit Teilhabe und Leistung. Sie sind zwei Bewußtseinsformen. Sie sind zwei Lebensformen. Sie sind ein ungleiches Paar, nicht zu verwechseln mit Polen, zwischen denen sich unser Dasein wölbt, wie «aktiv–rezeptiv», «Arbeit–Ruhe». Teilhabe muß sein, Leistung muß nicht sein; sie ist eine Krankheit. Das Leistungssystem ist ein Parasit, der sich vom Teilhabesystem nährt, ohne das er nicht existieren könnte. Dies gilt auf der individuellen wie auf der kollektiven Ebene. Auf beiden ist der Parasit heute dabei, den Wirt aufzufressen. Die Reste der Teilhabekultur, die wir noch haben, erschöpfen sich.

Eine als lustige Angeberphantasie gemeinte Szene eignet sich dazu, in eine ernste Dimension gehoben zu werden und ein Bild für das Leistungs-Ich zu sein. Erinnern wir uns an Münchhausen. Er wollte mit seinem Pferd über einen Morast setzen, sprang aber zu kurz «und fiel nicht weit vom andern Ufer bis an den Hals in den Morast. Hier hätte ich unfehlbar umkommen müssen, wenn nicht die Stärke meines eigenen Armes mich an meinem eigenen Haarzopfe, samt dem Pferde, welches ich fest zwischen meine Knie schloß, wieder herausgezogen hätte.»[1] Die Hand am eigenen Schopf: das ist das Leistungs-Ich. Sie hält über dem Morast, der Feindwelt. Wie lange wird die Hand der Technik am Schopf der Welt die Welt noch tragen? Was wird aus den zahllosen einzelnen, die sich, und oft auch noch andere, mit unendlichen Anstrengungen und Leiden einsam über dem Nichts halten?

Aus der Aufzehrung der Teilhabekultur geht das ungetragene Ich hervor: das Ich, der vermeintliche erste Beweger all seiner Bewegungen, das sich für allmächtig hält, das schiebt, treibt, am Riemen reißt, schleppt, immer selber trägt. Es gibt einen Kanon:

Die Menschen sind schlecht.

Sie denken an sich.

Nur ich denk an mich.

«Nur ich bin mir treu. Nur auf mich kann ich mich verlassen.» Dies ist das Glaubensbekenntnis des allein von sich selbst «abhängenden» Ichs. Ihm, dem seelischen System Leistung, gehören die machbaren Aktivitäten und die gemachte Welt an. Dem System Teilhabe dagegen ist alles Selbstgegebene zugeordnet. Denken wir an den Atem, der selbst für sich sorgt, den Schlaf, in den wir uns gleiten lassen müssen, wenn wir einschlafen wollen, an die Träume, die von selbst entstehen, an Einfälle, die uns zufliegen. An all dem hat unser Ich nur teil. Die glücklicheren Leistungsmenschen können zeitweise noch in das System Teilhabe überwechseln, die unglücklicheren haben fast nur noch Zerrbilder der Teilhabe, Prothesen; etwa die medikamentös erzeugte Schlafprothese.

In der Sackgasse, in der unser Leistungssystem steckt, ist eine Sehnsucht nach teilhabendem Bewußtsein entstanden. Wissen und Erlebnisformen, die viele heute interessieren, gehören ihm an: Ökologie, Denken in Systemen und Zirkelabhängigkeiten, Mythos, Schamanismus, kosmische Sexualität, Trance, Meditation. Nach ihrer Weltsicht ist das Universum eine große Bewegung, seine einzelnen Gestalten sind Wellen, Kreise, festere Figuren im Strom. Alles hat an allem teil. Der Teil ist im Ganzen, das Ganze im Teil. Solche Anschauungen formulieren, was wir auch als Gefühl und Praxis wieder suchen, ein «eingenistetes» Bewußtsein, das Lebensgefühl des partizipierenden Bewußtseins: «Der Kosmos ein Ort des sich Zugehörigfühlens».[2]

Die Träume, in primitiven Kulturen die Beherrscher des Lebens, haben wieder ein Reservat in den psychotherapeutischen Praxen. Mythen sind wiedergekehrt; Ödipus und Narziß begleiten die Therapie. Menschen sprechen mit Tieren und Pflanzen, als wären sie auch Menschen. Im Zentrum der medizinischen Apparatur, den Reanimationszentren, werden mit den Reanimierten uralte Todesnäheerfahrungen wiederbelebt. Sind solche Erfahrungsmöglichkeiten nur Nischen für den einzelnen? Ist vieles nur Nostalgie, ja vielleicht nur Rückblende in der Agonie, in der steinzeitliche Schamanenweisheit wieder lebendig wird? Könnte ein sanftes Bewußtsein so durchschlagend werden, daß es das Leistungsbewußtsein aufhebt? Oder ist es dazu verurteilt, diesem immer nur Pferderücken zu geben, mit denen es doch wieder – einmal vielleicht endgültig – «in die Luft geht»?

Das teilhabende Bewußtsein ist der Versuch, das Machbare für das Selbstgegebene, das Ich für das Selbst, die Weltferne für die Weltnähe aufzugeben. Es ist getragen von seiner Art wahrzunehmen, vom Körper, von seinem Raum und seiner Zeit, vom Traum, von der konstruktiven Trance und der guten Leere mit ihrer Formenfülle, von Feldern der Transformation, vom Tod. Die folgenden Beschreibungen und Gedanken sollen dem Einleben in die Teilhabe und der Überwindung des Leistungssystems dienen, das unsere Geschichte auf allen Lebensgebieten geprägt und die tragende «weibliche» Substanz der Welt fast ganz vernichtet hat.

Das Legitimationsspiel

Betrachten wir zuerst das Grundgefühl des Teilhabebewußtseins, dann dasjenige des Leistungsbewußtseins. Bei dieser Betrachtung spielt ein Begriff eine Rolle, der an dieser Stelle vielleicht befremdet: der Begriff des Rechts. Er ist vom Kampfdenken des Leistungs-Ichs verschmutzt. Rechtsansprüche schaffen, Rechte geltend machen, sich sein Recht holen, es einklagen sind Aktivitäten des Leistungssystems. Es kennt nur erworbene Rechte. Das System Teilhabe ruht auf dem Bewußtsein eines anderen Rechts: demjenigen des unerworbenen Rechts. Jeder Mensch verlangt aus dem heraus, was er ist, nach dem Seinen. Das Sein eines Menschen hat Rechte vorgängig zu jedem Handeln. Es verlangt nach bestimmten Wahrnehmungen, Einstellungen, Handlungen, die ihm gerecht werden. Dies gilt auch von nichtmenschlichen Wesen. «Das Recht ist gleich mit Wahrheit. Darum heißt es von einem, der die Wahrheit sagt, daß er Recht spreche, oder von einem, der Recht spricht, daß er die Wahrheit sage. Beides ist ein und dasselbe.»[3] Wahrheit und Gerechtigkeit, beide geben einem Wesen das Seine. Wahrheit ist gerechtes Erkennen, gerechtes Handeln ist wahres Handeln. Indem einem Wesen das Recht, das es ist, zugesprochen wird, wird ihm seine Wahrheit, ein wahres Bewußtsein seiner selbst zugesprochen. Die Anerkennung der Rechte, die ein Mensch aus seinem Sein heraus ist, ist der grundlegende Akt der Gerechtigkeit. Ohne ihn bleibt jenes Bewußtsein schwach und unvollständig.

Das Grundgefühl des teilhabenden Ichs ist: «Ich bin Recht, einfach indem ich bin: Recht auf die Achtung meines Daseins, meines Körpers, meiner Bedürfnisse, meiner Leiden; Recht auf Freiheit; Recht darauf, mich lieben zu lassen und zu lieben; Recht auf Lachen und Weinen. Alle Wege des Universums enden auch in mir. Mein Recht ist unbedingt; ich habe nicht für es gearbeitet, ich habe es nicht geschaffen, so wenig ich mich geschaffen habe. Ich bin ein Wert, einfach indem ich bin. Mein Körper, mein Geschlecht, mein Lächeln, mein Geruch sind liebenswert. Ich kann anderen etwas sein, nur indem ich bin. Indem ich Recht bin, kann ich teilhaben an dem, woran die Welt mich teilhaben läßt. Auch das mache ich nicht. Mein Recht erzwingt es nicht. Es ist von sich aus da.

Ich bin frei, mich in der Welt gegenwärtig zu machen, tätig zu sein für das, was ich brauche.»

Das Bewußtsein, ein gutes, berechtigtes Ich zu sein, ist grundlegend. Kein Lebensakt ist möglich, der nicht auf einem Rechtsbewußtsein reitet. Die Welt mag wunderbar sein, ohne dieses Bewußtsein kann sie nicht tragen. Wenn ich meine, mich ihr nicht zumuten zu können, bleibe ich ihr fern.

Das aber glaubt das Ich, das sich für schlecht hält. Das Schlechtigkeitsgefühl ist der Ursprung des Leistungs-Ichs: «Ich bin wertlos und rechtlos. So wie ich bin, darf ich nicht dasein.» Einer meiner Patienten, der von einem tiefen Schlechtigkeitsgefühl durchdrungen war und an Agoraphobie – der Angst vor öffentlichen Plätzen – litt, sagte: «Ich traue mich nicht, auf die Straße zu gehen. Es könnte ja jemand kommen, mich packen und fragen: ‹Was willst du hier?›» Ein anderer sagte: «Ich kann mich niemandem zumuten. Ich kann mich nicht einmal mit gutem Gewissen auf eine Wiese legen. Ich würde sie mit mir beschmutzen. Die Erde könnte sich auftun und mich verschlingen.» «Ich habe das Gefühl, der Boden unter meinen Füßen trägt mich vielleicht nicht. Wenn ich gehe, ist es so, als müßte ich ihn mir unaufhörlich, durch einen anstrengenden Glauben, daß er nicht aus Papier ist und zerreißt, selbst unter die Füße legen. Ich benütze keinen Lift. Die Seile könnten reißen und der Absturz mich töten. Ich verdiene nichts Besseres.»

Ist das Sein nicht gut, muß die Leistung gut sein. Das Leistungs-Ich steht immer unter einem Rechtfertigungszwang. Legitimiert es sich, so hat es eine dadurch bedingte Zugehörigkeit zum sozialen Raum. Sonst wird es ausgestoßen.

Wie entsteht das Schlechtigkeitsgefühl? Aus dem «Morast». So erlebt das Leistungs-Ich seine Welt. Das frühe Ich aber ist seine Welt. «Ich bin meine Mutter, ich lebe in ihr, sie lebt in mir, wir durchdringen einander. Meine Mutter ist schlecht. Ich bin schlecht.» So ist der Morast von Anfang an innen. Dies ist das Schlechtigkeitsgefühl durch Identifikation. Daneben tritt dasjenige durch Verurteilung: «Du, Kind, bist schlecht.» Ein dritter Weg: «Die Welt ist schlecht. Also muß es so sein, daß ich einer besseren Welt nicht wert bin. Ich muß wertlos, rechtlos sein.» So ist die kindliche Reaktion, sie liegt auch dem Erbsündemythos zugrunde. «Die Welt ist nicht gut zu uns, wir müssen gesündigt haben, wir müssen Mißgeburten, daher zum Schweiß unseres Angesichts und dem Gebären in Qual verdammt sein.»

Warum stirbt das Ich, das sich für schlecht hält, nicht im Schrecken dieses Gefühls? Es gibt sicher einen Grad des Schlechtigkeitsgefühls, der zum Tod führt: Abgänge unwillkommener Kinder, tödliche psychosomatische Krankheiten, Selbsttötungen. Doch was rettet das überlebende Leistungs-Ich? Das System Teilhabe, das in ihm auch – aber ohne entscheidende Kraft – lebendig ist; das schwache Wert- und Rechtsgefühl, die Bruchstücke einer – wirklich oder vermeintlich – freundlichen Welt, die es erfahren hat. Um Legitimationsleistungen hervorbringen zu können, muß das Leistungs-Ich außerdem die Überzeugung haben, daß wenigstens seine Leistungen brauchbar sind. Dies hat es von seinen moralischen und materiellen Brotgebern gelernt. «Bringe ich gute Leistung, werden die anderen mich leben lassen»: Dies ist der Überlebensweg des bedingten Rechts. Das Leistungs-Ich sieht auch, daß andere sich unbedingte Rechte einräumen. Sein rudimentäres Rechtsgefühl mag dadurch soviel Bestätigung erhalten, daß es sich zu einer anderen Art der Leistung entschließt: sich «rücksichtslos zu holen», was es braucht. Mit dieser Einstellung löst es sich aus der Starre seines Schlechtigkeitsgefühls und betritt doch die Welt. Das Leistungs-Ich, das sich selbst «auf sein Recht stellt», hat aber niemals die getragene starke Rechtsüberzeugung des teilhabenden Ichs. Dazu fehlt die Anerkennung durch die anderen. Innerlich sind immer die Instanzen tätig, die ihm seine Rechte absprechen. Auch seine schlechten Identifikationen wollen ein Gefühl, gut zu sein, nicht zulassen. So muß das Leistungs-Ich ständig kämpfen: nach innen um ein Rechtsgefühl, nach außen um die Befriedigung seiner Rechte «unter den Haien». Sein Rechtsgefühl bleibt aber immer schwach, so sehr es diese Schwäche auch überzukompensieren versucht.

Das Leistungs-Ich ist von Legitimationsspielen abhängig, Spielen auf Leben und Tod. Die Verteilungskämpfe um Herrschaftspositionen, der sexuelle Verteilungskampf, der Verteilungskampf um Naturvorräte, um Geld sind oberflächlich im Vergleich zu dem Verteilungskampf um die Prädikate «gut», «Recht», «Wert». Aber es ist falsch, diese Kämpfe voneinander zu trennen. Jene Kämpfe haben diesen zur Grundlage, drücken ihn immer auch aus. Es gibt verschiedene Legitimationsstrategien. Eine besteht darin, vorgegebene Legitimationsbedingungen zu erfüllen. Dann gibt es den Weg der Abwehr des Schlechtigkeitsgefühls. So entstehen das Auftrumpfen dagegen, Selbstgerechtigkeit, Projektionen, Entwertungen anderer («Ist ein anderer noch schlechter als ich, bin ich besser»), ganze Abwehrgemeinschaften («Wir sind gut, die anderen schlecht»), Sündenbockjagd, der Terror des Exhibitionisten, der bewundert sein will, Wiedergutmachungsforderungen, Rache- und Vergeltungsleben. Ganze Leben sind vom Kampf um bestimmte narzißtische Positionen und seinen Methoden bestimmt. Die Leistungsgesellschaft als ganze ist im Kern ein Kampf der Narzißmen.

Es gibt bekannte Legitimationsspiele. Ein vermeintliches Legitimationsmittel sind Geld und Besitz: «Er besitzt soviel, wie notwendig muß er für die Gesellschaft sein!» Denken wir an den kalvinistischen Glauben, Wohlstand sei ein Zeichen dafür, vor Gott gerechtfertigt zu sein. Armut ist Schande, das Mal fehlender Existenzberechtigung. Ein anderes Legitimationsinstrument ist der sexuelle Imperialismus. Im sexuellen Akt kann sich das Ich seines hervorragenden Wertes für einen anderen vergewissern. Don Juans Frauensammeln ist ein süchtiges Sichbeweisen. Auch die Wahrheit ist ein Legitimationsmittel. «Wahrheit, das ist das Gefühl, ich habe nichts falsch gemacht», sagte ein Patient. Sie läßt im sozialen Raum überleben: Du mußt immer wissen, was die machthabenden Instanzen wollen, dann kannst du es ihnen recht machen. Sozialtechnische Kenntnisse sind Mittel für den umgekehrten Zweck: andere so zu handhaben, daß sie das Ich narzißtisch bestätigen. Don Juan muß wissen, wie man eine Frau verführt.

Zentral ist das Spiel der Todesvermeidung. Nichts fürchtet das Leistungs-Ich mehr als den Tod. Es ängstigt sich vor ihm, denn die von einer Krankheit, vom Alter, einem Unfall vollzogene Hinrichtung, die endgültige Ausstoßung aus dem sozialen Raum macht seine Schlechtigkeit endgültig offenbar. Manche spielen das Spiel gegen den Tod so, daß sie sich ständig in lebensgefährliche Situationen bringen. Überleben sie, so heißt das: sie dürfen leben.

Das Leistungsbewußtsein spielt alle Legitimationsspiele in der ständigen Angst vor dem Versagen der Legitimationsbeweise. Ihm würde der soziale Untergang durch das Urteil «Du bist lebensunwert» folgen. Die Rechtsbesorgungsspiele erfüllen niemals die Sehnsucht des Ichs nach der freien Anerkennung durch die anderen. Unterwürfigkeit, Abwehr, Verfolgung der Verfolger, das ist alles was sie erreichen können. Die Welt bleibt schlecht, höchstens «läßt sie leben». Gut, freundlich wird sie nie. Das Leistungs-Ich liebt sie nicht.

Atlas

Das Leistungs-Ich wird von Kind an in das Legitimationsspiel gezwungen. Dem Leistungskind wird das Leben nicht «geschenkt». Ich hatte eine Sängerin in Therapie, die wie ein Käfigvogel für den Ehrgeiz ihrer Mutter sang; kein Wunder, daß ihre Stimme nicht zuverlässig war. Ein Universitätspsychiater sagte: «Für meinen Vater, einen Wissenschaftler, wurde ich Wissenschaftler; für meinen psychotischen Bruder Psychiater; für meine unglückliche trampelige Schwester Psychotherapeut; für meine Mutter war ich Geliebter, alles was sonst an mir war, kam ihr zugute.» Im günstigsten Fall erhält das Kind von der fordernden Elterninstanz eine ordentliche Vorleistung; sein Geschlecht wird angenommen, seine Begabungen werden gefördert. Sein Dasein wird bedingt akzeptiert: es wird ständig in dem Bewußtsein gehalten, alles «bezahlen» zu müssen. Ohne Gegenleistung ist es schlecht. Dieses Kind zahlt Schulden ab. Ist es glücklich, ist die Gegenleistung eindeutig definiert. Ist das Kind weniger glücklich, ist sich die fordernde Instanz mit sich oder mit einer anderen, die zugleich fordert, über die Gegenleistung nicht einig. Es bestehen zwei widersprüchliche Forderungen. Das Kind kann alles immer nur falsch machen.

Im schlimmeren Fall trägt es nur Schuld ab. «Schau, was ich alles für dich tue. Ich will es gar nicht tun.» Die Elterninstanz will ernten, wo sie nur widerwillig gesät hat. (Im schlimmsten Fall will niemand ernten.) Denken wir an die Schuldgefühle von Kindern, deren Mütter, weil und als sie schwanger waren, versucht haben, sich umzubringen und die das Kind nie angenommen haben. Oder das Kind hat das falsche Geschlecht: «Mädchen, du wirst für mich männlich spielen.» Hier wird sogar das Geschlecht als Leistung verlangt. Es ist nichts Gegebenes, Tragendes, woran das Kind teilhätte.

Eine extreme Form, das Kind in einen Leistungszwang zu drängen, besteht darin, ihm die Elternrolle zu übertragen. Die Eltern sind dann die Kinder, die Kinder sollen die Eltern sein. Sie sollen die Elternleere ausfüllen, in der die Eltern aufgewachsen sind, ihnen Liebe, Sicherheit, Vorbilder geben. Indem sie wie Atlas mit Rückenschmerzen eine fremde Welt tragen, tragen sie sich. Denn die Eltern sind die erste Welt des

Kindes. Diese müssen sie sich zu großen Teilen selbst erschaffen. Sie warten sehnsüchtig darauf, daß die Mutter eines Tages glücklich, eine Mutter ist, und sie eine Mutter haben; gewöhnlich warten sie vergebens. Ich habe einmal mit einer Atlas-Frau gearbeitet, die aus seelischen Gründen steril war. Wir haben herausgefunden, daß sie große Angst davor hatte, in ihrem Kind wieder eine unendlich schwere Weltkugel zu gebären, wie es ihr infantiler Vater für sie war. Diese Angst nahm ihr die Fruchtbarkeit.

Warten diese Atlas-Kinder nur auf einen Herkules, dem sie die Weltkugel zuwerfen können? Eher nein als ja. Die Weltkugel ist so in ihr Ichgefühl eingeschmolzen, dieses so von ihr abhängig, daß sie sie nur schwer hergeben. «Ich trage, also bin ich».

Eine andere Belastung liegt darin, Kinder als Partner zu gebrauchen. Werden sie im vorigen Fall zwei Generationen höhergeschoben, so in diesem Fall eine. Der Ödipus-Komplex entsteht nicht allein so, daß eine Mutter für den Sohn, ein Vater für die Tochter verführerisch sind, sondern auch so, daß das Kind von der inneren Armut der Eltern die Eherolle angezogen bekommt. Die Frauen ohne emotional anwesenden Ehemann, die Kriegswitwen, deren Generation unzählige Atlas-Söhne hervorgebracht hat, haben Ödipus zu einem Leistungsmenschen gemacht. Der vaterlose Sohn kommt zwar ohne Kampf auf den Thron, der Vatermord entfällt. Aber er trägt dort ungeheure Lasten: eine frühreife Einfühlung in die Leiden seines übergroßen Mutter-Parasiten, die nicht für die Fassungskraft eines Kindes bestimmt sind. Hungrige Erotik flutet auf ihn ein. Niedergeredet vom Leidensmonolog, niedergeliebt von dieser Flut, trägt der Sohn die Last einer männlichen Identität, ohne daß er sie sich vom Vater hätte ausreichend aneignen können. Der König ist ein kleiner Junge, der endlich mit seinem Vater spielen will. Vielleicht wird er später homosexuell.

Das Leistungskind steht hinter dem Macher. Das sind die

Menschen mit der Kommet-alle-zu-mir-Ausstrahlung, die «alles für dich tun», «immer Bescheid wissen», euphorisierende Initiatoren, immer wache Ärzte, allgegenwärtige Politiker. Ein Macher ist ein Leistungsengel. Hinter seiner Fassade sieht es anders aus. Ein erfolgreicher Geschäftsmann: «Ich tue alles für andere, sie halten mich für selbstlos. Aber niemand weiß, daß ich so unbefriedigt bin wie mein Einsatz groß ist. Ich erreiche mein Ziel nicht: geliebt zu werden.» Niemand liebt den, von dem er abhängig ist. «Ich neige zu Schuldgefühlen, bin von ihnen ständig gehetzt. Ich hetze aber auch andere, meine Angestellten, und erzeuge Schuldgefühle in ihnen.» Er dreht den Spieß um. «Ich bin mißtrauisch, beim Geschäftemachen traue ich niemandem. Deshalb bin ich listig. Deshalb habe ich auch Angst vor der List der anderen. Darum bin ich noch listiger. Ich fühle mich ständig übers Ohr gehauen. Daher haue ich andere übers Ohr.» Ein anderer Geschäftsmann kommt meistens zu spät, Imponierverspätung. In tadellosem Anzug strömt er wie Zeus in das Zimmer seines Therapeuten-Mietlings. Stories von Erfolgen, ich kämpfe mit Neid. Aber: Zeus erzählt, um gut benotet zu werden, hat ein schlechtes Gewissen wegen seiner Verspätungen. Oft redet er, als käme er nur für mich. Er ist immer für die Mutter da, mit der er noch zusammenlebt. Ich: «Wollen sie hier etwas für mich oder für sich selbst tun?» – «Ich habe ein tiefes Gefühl der Häßlichkeit, fühle mich dick, aufgedunsen, Akne auf der Brust, oft Kopfweh, meine Augen sind glanzlos im Spiegel. Ich fühle mich wie ein Hund, dem immer auf den Schwanz getreten wird. Wie jemand, dem von Indianern die Augenlider abgeschabt worden sind.» Er kann nicht schlafen. «In letzter Zeit häufen sich Unfälle mit dem Auto. Ich habe kein Gefühl für die Gegenwart. Wenn ich genug Geld verdient habe, schreibe ich einen Roman. Ich habe mein Büro im Haus, keinen Quadratmeter für mich, meine Neugier auf andere Menschen ist gleich null.» Der Zeus ist abgefallen. Ein erfolgreicher Immobilienmakler:

«Ich fühle mich immer als Versager, daher das Lebensgefühl ‹Nichts geht von allein›. Wenn ich nichts tue, steht der Motor still. Im Grunde bin ich ganz lethargisch.» Er hat eine weiche Seite, ist nahe an Tränen gebaut, aber: «Was nützt es, wenn ich weine, ich kann das draußen doch nicht anwenden.» Mit Tränen kann er in seiner Leistungswelt nichts machen. Hysteriker können das, aber zu denen gehört er nicht. Statt seine Tränen als Fluß ins Leben zu fühlen, als Abschied vom Leistungs-Ich, verwirft er sie. Er ist in die Therapie gekommen, um eine Überleistung zu lernen, die seine Leistungsneurose aufhebt. Weg von der Leistung durch Leistung. Ein Arzt mit großer Praxis, vaterlos, aus einem reinen Frauenhaushalt: «Eigentlich springe ich immer nur, wie damals, wenn meine Mutter sagte: ‹Mach das Garagentor zu.› Eigentlich geht es mir noch immer um die fünf Mark, die ich für gute Noten bekam. Schrieb ich eine Vier, war meine Mutter so bedrückt, als hätte ich gesagt: ich habe Leukämie.» Ein Arzt, etwas Alleinunterhalter in der Gruppe, Führercharakter. Die anderen sagen zu ihm: «Wir würden dich als Führer in Katastrophen wählen. Aber du willst dir Liebe erquasseln. Du überschwemmst uns, du blockierst schließlich alle unsere Sinne. Es ist schwer, dich um deiner selbst willen zu lieben, du bietest dich in so vielen Funktionen an, daß es sich aufdrängt, dich zu lieben, um ... und weil ... Du holst dir nur bezahlte Liebe.»

Menschendinge

Eine Version des Leistungs-Ichs definiert sich als Mittel für die Zwecke anderer. Es macht sich brauchbar, «verdient» sich sein Dasein entsprechend den Brauchbarkeitsbedingungen, die von den Vereinigten Anderen an es herangetragen werden. Dies ist seine Form der Zugehörigkeit, ohne sie fiele es aus der Welt. Keiner kann die absolute Einsamkeit ertragen. Die allgemeine Bedingung seiner Zugehörigkeit ist, daß es sich passiv unterwirft, zum Ding macht. «Ding» heißt: ganz da für andere. Die Leistungsgesellschaft ist voller Menschendinge, die für andere hören, wahrnehmen, reden, handeln. «Ich trage, also bin ich», «ich arbeite als ... und für ..., also bin ich», «ich habe einen Playboy-Körper, also bin ich», «ich bin Gattin, also bin ich». «Das weibliche Partizip Präsens des Sanskritverbs für ‹Sein› heißt *satí* und bezeichnet den Charakter der tugendsamen Hindu-Gattin, die sich auf dem Scheiterhaufen ihres verstorbenen Mannes selbst zum Opfer bringt. Durch diesen selbstlosen, fraglosen, pflichtbewußten Akt, mit dem sie ihre soziale Rolle erfüllt, ist sie zu etwas Ewigem und Unversehrtem geworden, das ewigen Wert und ewiges Leben besitzt: eine Gattin. Jede indische Frau, die sich weigert, ihrer Rolle bis zu Ende nachzukommen, wäre *a-satí*, ‹nicht-seiend›, ein reines Nichts, denn das Leben, das Ziel, der ganze Sinn des Daseins eines Menschen auf dieser Erde liegt in der Darstellung und Durchdringung seiner sozialen Rolle. Nur dem, der absolut untadelig seine Pflicht erfüllt, kann man nachsagen, daß er wahrhaft ‹ist›.»[4] Wie also soll eine Hindugattin sein? «Ein Mädchen, eine junge oder selbst eine ältere Frau darf keinerlei selbständige Verrichtungen, nicht einmal in ihrem eigenen Hause, vornehmen. Das weibliche Geschlecht untersteht in der Kindheit ihrem Vater, als junge Frau ihrem Ehegatten, und wenn ihr Herr tot ist, ihren Söhnen. Eine Frau darf niemals selbständig sein. Sie darf nicht versuchen, sich von ihrem Vater, ihrem Gatten oder ihren Söhnen freizumachen. Würde sie diese verlassen, so würde sie sowohl über ihre eigene Familie als auch über die ihres Gatten Schande bringen. Sie muß immer freundlich sein, klug in der Haushaltsführung, sorgsam beim Putzen von Geschirr und Gerät und sparsam in ihren Ausgaben. Sie soll demjenigen, dem ihr Vater (oder mit der Erlaubnis des Vaters ihr Bruder) sie gegeben hat, zeit seines Lebens gehorchen, und wenn er tot ist, darf sie sein Andenken niemals entehren ... Wenn ein Ehemann auch nichts taugt, keinerlei gute Eigenschaften besitzt und andernorts seinem Vergnügen nachgeht, so muß er doch von einer treuen Frau unablässig als ein Gott verehrt werden ... Zum Lohn für solches Benehmen gewinnt die Frau, die ihre Gedanken, ihre Rede und ihr Handeln im Zaum hat, in diesem Leben höchstes Ansehen und im nächsten einen Platz an der Seite ihres Gatten.»[5] Dies ist ein Beispiel eines Menschendings, es steht für vieles.

Die passive Unterwerfung fordert die aktive, das Ding den Besitzer. Der Besitzer braucht ein Bewußtsein, das es ihm ermöglicht, zu besitzen. Entweder er behauptet nur ein unerworbenes Recht auf Menschendinge; dies ist der egoistische Gebrauch des eigenen Rechts. Oder er behauptet zusätzlich ein erworbenes Recht auf Menschendinge: «Ich wurde verdinglicht. Dies gibt mir das Recht, auch zu verdinglichen. Verdingliche ich nicht selber, werde ich verdinglicht.» Ein Recht auf Gegenverdinglichung wird geltend gemacht. Damit wehrt der Besitzer nicht nur nach außen hin die Verdinglichung durch andere ab, sondern auch nach innen die eigene Bereitschaft, sich zum Ding zu machen. Die Gegenverdinglichung führt zu keiner Teilhabe, denn der gegenverdinglichte Mensch muß seine Dinge verführen, bedrohen, zwingen; sie geben ihm nichts von allein.

Wir finden die Positionen der Selbstverdinglichung und Gegenverdinglichung unter den Menschen wechseln. Ist der andere stärker, läßt sich das schwächere Ich verdinglichen. Ist es stärker, gegenverdinglicht es. Einmal ist es Ding, einmal hat es Dinge. Das verdinglichte Objekt mag ein Mensch, aber auch die Natur, ein Tier, Nahrung, Wissen sein.

Versucht ein Mensch, Gegenverdinglichung immer durchzuhalten, so hängt sein Ichgefühl davon ab. «Ich bin nicht Ding, Arbeiter, Gattin, also bin ich», «Ich gebrauche, also bin ich», «Ich habe Sklaven, Attribute, stehle, also bin ich».

Wie das Ichgefühl des Dingmenschen sich auflöst, wenn er nicht brauchbares Ding sein kann, so zerfällt das Ichgefühl des Gegendings, wenn es nicht verdinglicht, wenn es selbst in die Dingposition abgleitet, oder keine Dinge findet. Das Gegending ist niemals volles Subjekt. Es ist nicht getragen von der aufrichtigen Anerkennung seiner Rechte. Es muß sich gewaltsam auf seine Rechte stellen. Und es ist immer abhängig vom Übertönen seines Zweifels an ihnen. Die großen «Verdinglicher» üben von Haus aus die Angriffsverteidigung. Die Größe ihrer Aggressivität ist ihrer Angst, verdinglicht zu werden, proportional. Sie sind Kinder, die mit den Machtmitteln ausgestattet sind, andere für ihre infantilen Bedürfnisse tanzen zu lassen.

Die Leistungsgesellschaft ist ein Geflecht von Dingen und Gegendingen. Dieses Geflecht ist ein Zusammenschluß vereinigter Einsamkeiten. Die Menschen schaffen sich durch ihr parasitäres Zusammenspiel, indem sie einander gebrauchen und sich gebrauchen lassen, einen Ersatz für Teilhabe. Wenn die Ding-Besitzer-Positionen «zwanglos» wechseln, herrscht das Verhältnis des Tauschs als Ersatz für freien Austausch. «Ich bin jetzt dein Ding, dann bist du meines.» In diesem Leistungs-Gegenleistungs-Rahmen ist der andere aktuell nicht mehr wert als das, was er jetzt anbietet. Dem Bäcker ist der aktuelle Kunde die fünf Mark für den verkauften Brotlaib wert.

Die Positionen können auch einseitig fixiert sein. Dann findet das Ding immer Sicherheit in der Selbstverdinglichung, der Besitzer in der Verdinglichung. Trägt er genügend «Fürsorge», teilt er geschickt Belohnungen aus, übt er repressive Toleranz, gibt er Auslauf in Spiel und Haß, so befestigt er seine Herrschaftsposition klug. Immer bestehen Sicherheitsbündnisse. Ding und Besitzer sind aneinander geklammert, Klammeraffen.

Auch wenn die Besitzer-Ding-Position fixiert ist, ruft das schwache Rechtsgefühl im Menschending immer einen

Widerstand gegen seine Dingposition hervor. Kommt es nicht zur offenen Gegenverdinglichung und ihren Kämpfen, so doch zu Leidenssymptomen des Widerstandes. Die Menschendinge im Widerstand sind perfektionistisch und trotzig. Sie essen das Nötigste und verweigern dann die Nahrung: «Ich werde doch nur wie ein Mastschwein gefüttert, um dann geschlachtet zu werden.» Sie sind Hinein-und-Hinaus-Menschen, die unfaßbar bleiben wollen; aus jeder Verfügung und Identität ausbrechen, um nicht «geschnappt» zu werden. Sie leiden an Klaustrophobie, der Furcht vor geschlossenen Räumen, die sie an ihre einengenden Besitzer erinnern, und gehen doch immer wieder in sie zurück. Sie lächeln, und denken daran, sich zu töten und ihren Besitzern «wegzustehlen».

Dingmenschen und Besitzer gebrauchen. Vom Gebrauch, den dieser macht, ist der Gebrauch zu unterscheiden, den jener macht, um sich zu erhalten: Gebrauch von Dingen für ein Ding. Beide müssen «auftanken». Einsam «schlagen sie sich den Bauch voll». Für die Gesundheit und die «Herzpumpe» joggen sie. Sie holen sich «Streicheleinheiten», erotische Kalorien. Sie sorgen für «Zufuhr», vor allem «narzißtische Zufuhr». Mittels Triebhandlungen und Triebobjekten bewirken sie «Triebabfuhr»; das klingt wie Müllabfuhr. Nirgends Verbindung mit anderen und anderem, überall einsamer Gebrauch.

Für das Leistungsbewußtsein sind Ich und Welt scharf voneinander getrennt. Gegen die freundlichen Seiten der Welt Mißtrauen, das Gefühl, sich ihnen nicht zumuten zu können. Benutzen, das sich innerlich fernhält. Einfühlung nur zu Nutzungszwecken. Verschmelzung nur im Orgasmus des Masochisten, der darin seine Dinglichkeit, oder im Orgasmus des Sadisten, der seine Herrschaft feiert. Feindwelt, Abwehr der Verfolger, und in diesem Rahmen Anklammerung an sie, die Eigentümer. Festhalten an den Dingen, die durch ihre Opposition auch verfolgen. Die Feindschaft zwischen Ich und Welt, distanzierter Gebrauch und Gegengebrauch haben einen entscheidenden Anteil an der Subjekt-Objekt-Spaltung, an die wir alltäglich gewöhnt sind.

Zur Ich-Welt-Spaltung kommt die Ich-Ich-Spaltung. Das Leistungs-Ich will nichts von sich wissen. Das Ding möchte nichts von seiner un-gehörigen Opposition, Ding und Besitzer nichts von den tiefen Sehnsüchten des Subjekts, des Rechts, der Liebe wissen. Nichts von dem Schmerz, der Bitterkeit, der Trauer der Ungeliebten und Lieblosen.

Angstmüll und Allmacht

Die Bedürfnisse des Leistungsmenschen, der sich mit Ding- oder Besitzerleistungen über dem Nichts hält, haben allesamt die Form der Angst um etwas. Er hat Angst um das Essen, um seine berufliche Position, um sein Leben, um die Welt. Er hat Angst vor dem Verhungern, vor den Untergängen aller Art. Was immer er tut, er verringert damit nur seine Angst. Sein ganzer Genuß ist der Gebrauch von Mitteln zur Angstreduktion. Jedes «Genußmittel» ist ein Angstbetäuber. Die Triebe des Leistungs-Ichs sind in der Tat Angstmüll, und ihre Befriedigung ist in der Tat eine – den Abtransport nie ausreichend erledigende – «Müllabfuhr». Was manchmal als Triebstärke erscheint, ist Angst: Je größer die Angst, desto größer die Gier, das heißt das Bedürfnis, jene zu narkotisieren.

Das Leistungs-Ich lebt nicht, um zu leben, sondern um nicht zu sterben. Seine Welt ist nicht Lebenswelt, nur Überlebenswelt. Wir sehen sie überall. «Es geht mir immer nur ums Überleben, ich will leben», sagte ein Macher, der alle seine Erfolge nicht gelten ließ. Denn das Leistungs-Ich kann das Leben, das nur betäubte Angst, vermiedener Tod ist, nicht akzeptieren.

«Ich leiste, also bin ich». «Wenn ich die Leistungshektik aufgebe, sitze ich in einer Luftblase, spüre mich nicht mehr.» Aber auch: «Wenn ich die Leistungshektik aufgebe, spüre ich schmerzlich unerfüllte Bedürfnisse, Sehnsüchte, das kann ich mir nicht leisten.» Die reinen Gestalten der Leistungsgesellschaft sind wie durchdrehende Motoren, die sich im Leerlauf erschöpfen. Nur der Krampf der Leistung ist übriggeblieben, ohne die Leistungsfähigkeit.

«Ich könnte das ganze restliche Leben verschlafen.» «Ich könnte mich unter einen Baum setzen und verrotten.» Ein wenig erholt, beginnen die Erschöpften vom Schlaraffenland zu träumen, oder davon, ihr Leben auf einer Bahre zu verbringen, einer Rentenbahre, Ehebahre, Psychiatriebahre, Zerrbilder der Teilhabe.

Die Angst vor der Ohnmacht will das Narkotikum der Allmacht. Es ist ein Spiel der Illusionen. Streifen wir es nur.

Die emotionale Allmacht: «Ich liebe niemanden. Ich lasse mich von niemandem lieben.» Dies ist nur eine Allmacht in der Verteidigung gegen die Liebe, die täuscht, die enttäuscht wird, die verpflichtet oder anders gefürchtet wird. Diese Allmacht ist im ganzen nur Ohnmacht.

Die Allmacht des Tötens: «Ich morde, also bin ich.» «Weil du tot bist, bin ich.» «Ich bin, indem du nicht bist.» Realer Mord, Verdinglichungsmord, Mord durch Moral und Schuldgefühle machen («Sonst lassen mich doch alle im Stich»), Rufmord, Sieg im Entwertungskampf, totreden. «Ich darf reden, du mußt zuhören», eine sehr beliebte Alltagsform des Mordes. Diese Morde finden rasch ihre Grenze an der Angst, die sie erzeugen, und an den Gegenmorden.

Die Allmacht der Gedanken und der Wissenschaft: sie reicht nur dazu, alles zu zerstören.

Die Allmacht des Geldes: Für Geld kann man die Welt kaufen. Aber nicht die Anerkennung als Subjekt, nicht

Teilhabe. Ein Feriengast: «Ich kann mir dies alles leisten, das Hotel, das Essen, die Sonne. Ich habe dafür gearbeitet.» Er sagte dies mit einem Tonfall, als hätten seine Schecks die Sonne erschaffen. Ein leidenschaftlicher Ladendieb: «Wenn ich stehle, habe ich das euphorische Gefühl, die Welt läuft so, wie ich will.» Er besitzt seine Beute zwar umsonst, aber er bekommt durch die Selbstbedienung nicht, was er lieber möchte: etwas geschenkt.

Wie schlecht es um die Allmachtsillusion der Reichen steht, zeigt sich an ihrem Geiz. Jede fortziehende Mark erinnert sie an die Angst vor der Katastrophe: kein Geld, kein Ich, keine Welt. «Was mir eine Mark ist, sind jenem Reichen tausend.» «Nein, was dir tausend Mark sind, ist ihm eine. Geht ihm eine Mark verloren, hat er soviel Angst wie du, wenn du tausend verlierst.»

Die Allmacht der Grandiosität: Es gibt unglückliche Leute, die kein Buch lesen können, ohne sich gegen besseres Wissen einbilden zu müssen, es selbst geschrieben zu haben. Neulich traf ich einen Grandiosen, der den Weg über eine Alles-ist-Gott-Theorie nahm, um zu beweisen, daß er alle Kompositionen Bachs, den er bewunderte und beneidete, mitkomponiert hat. «Alles ist Gott. In allem, was geschieht, schafft Gott. Also bin ich Gott und habe Bachs Werke mitgeschaffen.»

Die Allmacht der Moral: Sie ist eine Erfindung der Besitzer, die ihren Dingen gerne eine Allmachtspflicht auferlegen. «Du kannst, denn du sollst», «Wenn du willst, kannst du.» Der Glaube an die Allmacht der moralischen Vernunft und der sittlichen Selbstbestimmung, mit dem das Menschending, das gut sein will, sich quält, hat in solchen Überforderungen seinen Ursprung. Die Leistungsethik kennt nicht den alten Satz: «Das Gute fließt über.» Nur wenn ich etwas zum Überfließen habe, kann ich Gutes tun: andere teilnehmen lassen. Das Überfließen aber stammt aus dem Teilhaben. Die Teilhabeethik ist die wahre Ethik.

Die Verfolger

Blicken wir auf die Geschichte zurück, so finden wir dort – lassen wir sie hier einseitig hervortreten – die Charaktere des Leistungsbewußtseins wuchern: Feindwelt, Schlechtigkeitsgefühl, Verdinglichungskampf, Streit der Narzißmen, Allmachtswunsch und -pflicht. Ein Hauptzug dieser Geschichte liegt darin: In ihr wird alles zum Verfolger, was von Haus aus dazu bestimmt ist, das teilhabende Bewußtsein zu tragen. Kein Element seiner Trägersubstanz, von dem der Mensch sich nicht verfolgt fühlte; nichts, wogegen er nicht seine Gegenverfolgung gerichtet hätte.

Die äußeren Verfolger: Zuerst wandelt sich die Göttin der Jahrtausende, die Große Mutter, zur Verfolgerin. Die matriarchalen Religionen und Institutionen werden von der patriarchalen Revolution Schritt für Schritt beseitigt. Gott wird gegen sie inthronisiert. Zu Zeiten, als seine Macht erst im Entstehen war, ist er noch eifersüchtig auf das Goldene Kalb, den Stier der Muttergöttin, und ihre Verschmelzungskulte. Wie ein Feudalfürst schafft er die Welt «zu seiner höheren Ehre». Um ihn gleich auf seinen schlimmsten Nenner zu bringen: Er «weidet sich an den Qualen der Verdammten», so Baxter, ein schottischer Theologe, vor Jahrhunderten. Die Welt, unser natürlicher Wohnort: eine Stätte der Versuchung, «Frau Welt», oder ein Jammertal. Der Mensch, in seinen glücklichen Spielarten und Augenblicken dazu fähig, «des Menschen Gott» (Feuerbach) zu sein: «Der Mensch ist des Menschen Wolf» (Locke). Der Staat eine kluge Veranstaltung, ihn vor seinesgleichen zu schützen. Die Frau, Erhalterin des Lebens: nur ein verunglückter Mann, eine «Schlinge des Satans», Hexe; ungewiß, ob sie eine Seele hat; wenn ja, belebt sie den weiblichen Embryo später als die männliche den ihren. Sie ist physiologisch dumm, launisch, hinterhältig. Sie hat eine Periode, in der sogar psychotische

Episoden auftreten können, deshalb darf die Politik nicht in ihre Hände geraten: so eine jüngere Aussage im amerikanischen Wahlkampf. Die Natur mehr Feind als Freund. Das Tier, über lange Zeiträume Beschützer, Vorbild, Gott des Menschen: «tierisch».

Die inneren Verfolger: Die menschliche Natur «ist gefallen», von der Erbsünde verderbt, immer schuldig. Pascal: «Das Ich ist hassenswert.» Das Böse ist einfach das Böse, es stammt vom Teufel. Autonomie, das Essen des Apfels freier Erkenntnis des Guten und Bösen, ist Aufstand. Sexualität ist beinahe die Sünde. Der Körper, dieser Ursprung allen wahrhaft seelischen Lebens, wird zum «Grab der Seele» (Plato). Intuition, Bild, Traum, Instinkt, Trieb sind «irrationale Mächte». Der Tod, der ja nicht ohne Güte ist, wird zum größten Feind, verknüpft mit der Angst vor der Hölle oder der Demütigung des Nichtseins.

Wie sieht die Gegenverfolgung aus? Die erste Reaktion des verfolgten Bewußtseins ist der Versuch, die Verfolger zu besänftigen. Unsere Geschichte ist daher von hohen Opfern an Selbstachtung, Freiheit, Leiblichkeit gekennzeichnet. Wenn die Opfer «am Menschenleben» zu kostspielig werden, wendet sich das Bewußtsein gegen seine Verfolger. Da es sie nicht vernichten kann, unterdrückt es sie. So entstehen in allen Dimensionen Lebensfragmente, die als Widersprüche, zumindest als nicht gleichberechtigte Elemente gedeutet und nach oben und unten angeordnet werden. Wie es im Matriarchat keine männlichen Götter, sondern nur Heroen, menschliche Partner der Göttin gab[6], so stellt sich Gott über die Göttin, die ihrer Göttlichkeit beraubt wird: Maria. Gott steht auch über dem Teufel und der Welt. Der Mensch setzt sich über seinesgleichen und die Natur, den erweiterten Menschen. Es gibt «Sklaven von Natur aus», sagt Aristoteles. Der Mann beherrscht die Frau, wie die Sonne den Mond. Auch die inneren Verfolger werden unterdrückt. «Werke», Moral, Gelübde, eine verfolgerische Erziehung werden gegen das

erbsündliche Ich eingerichtet, die Seele dem Körper überge-
ordnet, der Verstand dem sogenannten Irrationalen. Das
Leben gilt mehr als der Tod, wie das Wohlsein mehr als der
Schmerz, der Tag mehr als die Nacht.

Das Unterdrückte war vielfach das ursprünglich Herr-
schende. Aber die Mutter ist kantig, das Böse verwirrt, der
Tod ist auch herb, die Freiheit irrt, der Instinkt vertut sich:
Also sind sie böse, müssen niedergerungen, eigentlich getötet, wo es geht, zumindest zu Dingen erniedrigt werden, die
um die Rede gebracht, mißhandelt, gebraucht sind. Wir
beobachten eine eigenartige Unfähigkeit zum Eingliedern,
zum Ansehen sich reibender und stoßender Elemente als
Polaritäten, die einander fordern, zur Veränderung schwierig
gewordener Teile durch den Diskurs, in dem sie sich ausein-
ander-, dann aber wieder zueinandersetzen. Statt dessen
Verfolgungswahn, paranoide Überreaktion, Überverfol-
gung.

Was ist der Mann ohne die Frau, der Verstand ohne die
Instinkte, das Leben ohne den Tod, das Gute ohne das Böse,
die Seele ohne den Leib? Sie hängen an sich geklammert über
dem vermeintlichen Morast und über dem Nichts, das auf-
grund der Hierarchiebildung tatsächlich droht. Der
«Morast» ist weiblich: Göttin, Frau, die Naturmutter, die
Liebe zu sich selbst, aus der verinnerlichten Mutterzärtlich-
keit stammend, *die* Freiheit – Eva nahm den Freiheitsapfel –,
das Böse, welches das erstarrte «Gute» bewegt, «Gutes
schafft», die Tödin (la mort), die Sexualität, Gefühl, Bild,
Mythos, die Mütter allen Verhaltens, die Nacht, der Leib,
dieses Stück Mütterlichkeit, das wir an uns tragen: überall
Weibliches, zumindest starke weibliche Züge. Die Krise des
teilhabenden Bewußtseins ist die Krise des Weiblichen und
der weiblich wahrgenommenen Welt. Das Leistungsbewußtsein ist die Geschichte der Mutterlosen, Unweiblichen.

Das Wort hat das Sagen

Mit der Herrschaft des Mannes begann die Herrschaft des Begriffswortes. «Im Anfang war das Wort ... und Gott war das Wort.» Das heißt: das Wort war Gott. Homo est animal rationale: Der Mensch ist das Leistungstier, dessen Gott das Wort ist. Das Wort ist nun die Hand am Schopf der Welt. Die Allmacht der Gedanken, der Begriff hat die Welt im erlahmenden Griff, bis in die Gene hinein. Kinder werden nicht mehr geboren, mit allen Wechselfällen der Geburt, sie werden von Medizinern, den Leibbegreifern und -greifern, gemacht; mißlingen sie, klagt man gegen den Gynäkologen. Das Wort, der große Macher, der große Zerstörer. Auf der archaischen Bewußtseinsstufe des Bildes hat die Menschheit Jahrtausende überlebt; ob sie mit ihrem Denken in Begriffen weitere hundert Jahre hinter sich bringen wird, ist mehr als zweifelhaft.[7] Der Bergwald kann nicht überall durch Lawinenwälle ersetzt werden. Die Technik ist gegen ihre eigenen Folgen nicht allmächtig; in ihnen kehrt der Tod wieder, den sie vermeiden wollte.

Das Verstandeswort hat etwas Militärisches. Es abstrahiert, uniformiert, schaltet gleich. Es tut im Theoretischen dasselbe wie das militärische und moralische Wort im Praktischen. Anders war das Augenwort der idiographischen, individualisierend beschreibenden Sprachen. Dies sind die Sprachen, die etwa «mit radikal verschiedenen Bezeichnungen den Schnee auf dem Boden, den gerade gefallenen Schnee, den Treibschnee und das Schneegestöber» benannten.[8] Oder sie kannten «die differenziertesten Ausdrücke für ‹Spazierengehen›, Ausdrücke, die schärfste Beobachtung und Humor gleichzeitig verraten: man spaziert, sich vorwärts oder rückwärts neigend, von einer Seite zur anderen schwankend, träge, munter, prahlerisch, die Arme schwingend, nur einen Arm schwingend, den Kopf hoch oder gesenkt oder sonstwie haltend, und jede dieser Geh-Arten wurde durch ein besonderes Zeitwort festgehalten.»[9] Täglich wurde ein ungeheuer großer Wortschatz, mit dem verglichen der unsere sehr bescheiden ist, durch neue Wortbildungen bereichert; die Missionare kamen damit, ihn in ihren Wörterbüchern zu verzetteln, nicht nach. «Man möchte diese Sprachen einem mit Sekundenschnelle arbeitenden photographischen Apparat vergleichen, der die wechselnden Bilder der Erscheinungswelt mit nie versagender Empfindlichkeit festhält.»[10] Nur mangelnde Abstraktionsfähigkeit? Nein, Liebe zum einzelnen. Der Begriff liebt das einzelne nicht. Er schafft Distanz, nachdem die Distanz ihn geschaffen hat. Begriffssoldaten haben, uneinfühlsam, nicht nach den Folgen fragend, die Welt kolonisiert.

Die Allmacht der Gedanken kündigt sich schon im babylonischen Schöpfungsmythos an. Die männlichen Götter rebellieren gegen Tiamat, die Große Mutter, die das Weltall regiert. Marduk, der nach ihrer Tötung der Götterführer werden soll, muß eine Prüfung bestehen.

«Dann legten sie ein Kleid in ihre Mitte;
Zu Marduk, ihrem Erstgeborenen, sagten sie:
‹Fürwahr, o Herr, dein Schicksal ist das erhabenste unter den
    Göttern,
Befiehl, zu vernichten und zu erschaffen,
    und es soll geschehen!
Durch deines Mundes Wort lasse das Kleid vernichten;
Befiehl noch einmal und laß das Kleid wieder ganz werden!›
Mit seinem Munde gab er den Befehl,
    und das Kleid ward zerstört.
Und wieder befahl er,
    und das Kleid ward wiederhergestellt.
Als die Götter, seine Väter, die Macht seines Wortes sahen,
Da freuten sie sich, erwiesen ihm die Ehre und sagten:
‹Marduk ist König!›»[11]

Das ist eine Prüfung in Wortzauberei, Vorbote aller technischen Zauberei. Auch der alttestamentliche Gott schafft die Welt aus dem «wüsten und leeren» Nichts als einsamer, allmächtiger Ingenieur «nach Maß, Zahl und Gewicht». «Es werde ... und es ward.» Es gibt so viele Tierarten wie Gott erschaffen hat, meinte man noch vor kurzem. Hier ist nichts von der schöpferischen Potenz der sich entwickelnden Natur – die der Darwinismus wieder beschreibt – erhalten. Eva entsteht, in Umkehrung der natürlichen Tatsachen, aus Adam, die Gebärerin aus dem Manne. – Aber auch der Mutterleib ist nicht wortlos, ihn regieren Gen-Worte. – Es sind eingebettete Worte, hier ist nur die Rede vom uneingebetteten Wort.

Ist nicht der Mythos, daß der Ur-Gott sich in Mann und Frau teilt und beide durch ihre geschlechtliche Vereinigung das All, die Götter, die Menschen schaffen, reifer als der Mythos vom allmächtigen Ingenieur? Jener erhebt ja nicht den Geschlechtsverkehr in den Rang einer ersten Ursache, sondern ist eine Einsicht in ein Gesetz der Schöpfung: Zusammenwirken von Polaritäten.

Auf dem Feld des Wortes wurde der Kampf der Narziß-men ausgetragen: die Kriege der Dogmen. Das Bild ist nicht rechthaberisch, es ist spielerisch. Das dogmatische Wort ist rechthaberisch. Die unfehlbare Instanz, die es spricht, ersetzt für das instinktlose Leistungsbewußtsein den Instinkt. Das partizipierende Bewußtsein steht den Tieren mit ihrem tragenden Instinktsystem näher. Die Instinktferne erzeugt die Angst um die rechte Identität. Herrscht ein totalitärer Gott, steigert sie sich zur Höllenangst. Alle dogmatischen Kriege sind Legitimationsspiele. «Was ich denke, wie ich fühle, was ich tue, legitimiert mich vor Gott.» Trifft ein dogmatisches Bewußtsein auf ein anderes, wird der Legitimitätszweifel aufgerührt. Läßt sich das andere Bewußtsein nicht bekehren, muß es getötet werden.

Das leere All und die Gier
der Mutterlosen

Die Gegenverfolgung, die sich gegen den totalitären Gott richtete, erzeugte einen neuen Verfolger: das leere All. Der tote Gott hinterließ ein gleichgültiges, ebenso uneingefühltes wie uneinfühlsames, zielloses, zufallsregiertes Universum aus toter atomarer Materie. Das Leben ist ihr eher unglücklicher Grenzfall, höhere Materie. (Daher kompetent erkennbar nur von den Dingwissenschaften.) Beendet wird es durch einen Tod, der als Rückkehr zum Anorganischen verstanden wird. Der Mensch existiert ziemlich abgetrennt von seiner Umwelt. Jeder einzelne ist eine isolierte Nerveninsel; es ist nicht einfach, sich ihre Verbindungswege nach außen vorzustellen.

Hier ist auch der erkenntnistheoretische Überlebenskampf um die Außenwelt zu erwähnen, das Solipsismusproblem: Gewiß ist nur, daß ich bin. Mitmenschen, Welt, ja der eigene Körper sind vielleicht nur Traumgebilde einer inneren Projektionsmaschine des einsamen Ichs. Dieses Problem hat sein sachliches Recht. Ich habe hier nur den emotionalen Einsamkeitsboden im Blick, den es brauchte, um – von Descartes – aufgeworfen zu werden. Descartes' Mutter starb in seinem ersten Lebensjahr: Individuelle Spielart des allgemeinen Schicksals der Mutterlosigkeit. Die Mutterlosen, von Gott, dann der Leere verfolgt und grausam gemacht, verfolgen ihrerseits, wie sich selbst, so die Natur. Tot ist die Vorstellung, daß der Mensch die Götter – die Natur – im heiligen Beischlaf und im Opfer miterhalten muß. Tot ist der Mythos, daß das Eindringen in die Natur einer geschlechtlichen Vereinigung gleicht. Lächerlich ist der Sonnenpenis, der weißliche Quarz, den der Schamane um den Hals trug, sind die Tänze, die er, verantwortlich für die Fruchtbarkeit seines Reviers, auf den Festen des Herrn der Tiere tanzte, so daß sich das Wild vermehrte. Verachtet sind Bruder Sonne und Wind und Feuer, Schwester Mond und Wasser und Tod, die der schamanisch fühlende, einsam gegen die christliche Naturminderungstradition stehende Franz von Assisi besang. Unverständlich ist Buddha, der einem Tier, das vor Hunger zu sterben drohte, ein Stück seines eigenen Fleisches zu essen gab. Altmodisch sind die Tabuinstinkte von Indianern, die, um die Brust der Mutter nicht mit dem Eisen aufzureißen, den Pflug zurückwiesen und bei einer kleinen, für die Erde schmerzlosen Hacke blieben; als Ackerbauer schon getadelt von den Nomaden, weil sie nicht nahmen, was die Erde freiwillig gab. Der Instinkt für Erkenntnis- und Ausbeutungstabus ist vergangen. Die Einfühlung in die Bedürfnisse der Natur, das Gefühl für die Folgen ihrer Kolonisierung für sie und für die Seele des Menschen, sind abgestumpft.

Die Frage, warum andere Kulturen, wie die chinesische, die eine hohe technische Intelligenz besaßen, nicht unsere technische Entwicklung hervorgetrieben haben, findet vielleicht eine grundlegende Antwort darin: Sie mögen weiblichgetragener, daher zufriedener, mehr für innere, nicht so rastlos im Betreiben äußerer dinglicher Veränderungen, nicht so aggressiv-gierig gewesen sein und mehr Tabuinstinkte besessen haben. Die Chinesen benutzten das Pulver für Feuerwerke.

Unserer Zivilisation sind Ehrfurcht, Kooperation, Teilhabe fremd. Nicht einmal als Gegnerin in einer notwendigen Auseinandersetzung nach gerechten Spielregeln, die bei bestimmten Verletzungen Halt gebieten, wurde die Natur behandelt. Die Kampfregeln sind so, daß der Stier immer getötet wird. Die Natur wurde wie ein Sklave, wie eine Kriegsbeute, wie eine geizige Mutter behandelt, die wütend ausgeraubt werden muß. Die westliche Zivilisation fiel mit der Aggressivität des hungrigen Kindes über die Natur her, mit der Mentalität Buffalo Bills über das Weltall mit Machtwissen, über die «Ungläubigen» und Traumvölker mit Waffen, über die Kontinente mit kolonialistischer Politik, sich für alle Verfolgungen schadlos haltend, die sie eingesteckt hatte. Mit welcher Unverfrorenheit und Diebsmentalität ergriff Kolumbus auf der Landungsinsel Besitz von Menschen, die selbst überhaupt keinen Sinn für Eigentum hatten. Die Indianer waren keine Christen, das gab den Rechtgläubigen, den spanischen Königen, Besitzrecht über sie. Wirkungslos der Einwand von Las Casas: Die indischen Lande gehören den Indianern, die Christen haben sich auf die Verkündigung des Evangeliums zu beschränken.

Gott wußte, was er seinem Volk schuldig war. Er segnete die Waffen. «Du sollst nicht töten.» Aber der Herr tötete selbst; lesen wir etwa das Buch Josua. Das leere All hat ohnehin keine Einwände gegen den Mord.

Die Verfolger sind bis zum Tode verfolgt. Ihre Verfolgung hat nur neue Verfolger erzeugt. Immer mehr Menschen haben immer weniger zu verlieren. Die verfolgten Verfolger spielen mit Selbstmord.

Ausufernde Klage

Woran können wir noch teilhaben?
Alles Unverwundbare,
Die unverwundbare Luft,
Das unverwundbare Wasser,
Der unverwundbare Mond,
Alles verwundet.

Die Natur ein Vorgarten zu Fabriken.
Ein Dachgarten über Verwaltungsgebäuden.
Ein Rasenteppich über einem Bombenlager.
Blumentopfnatur.

Registrierte Blumentöpfe die Biotope.
Im Blumentopf der Dschungel.

Woran können wir uns hingeben?
Überall Bomben.
Chemische Bomben.
Kriegsbomben.
Bevölkerungsbomben.
Hungerbomben.
Haßbomben.
Alles ist immer sprengbar.

Der Aufwand fürs Überleben schneidet so ein,
Daß er wie der Aufwand für ein langes Sterben erscheint.
Wir sitzen in einem Zug in den Tod.
Für viele kein Viehwagen, sehr komfortabel.
Die Notbremsen: Attrappen, um die sich Redner scharen.

Viele Menschen:
Fußnoten zu ihrem ungeschriebenen Dasein.
Ungefülltes Fleisch.
So leer, daß ihnen jedes schmutzige Ding
Eine Versuchung ist, es zu sein.
Hunger nach Brüdern und Schwestern.
Aber überfüttert schon die Kinder mit Tod.

Ihr ungedachten Vögel!
Das Flugzeug, gedacht.
Der Flug, gedacht von Computern.
Die Flügel, erstarrt.
Als ich zu lange dachte,
Hatte ich Angst vor einem ausgestopften Fuchs.
Leben aus dem Bildschirm zerdenkender Theorien.
Fortpflanzung: Kopulierende Fernsehapparate.
Männer, die ihre Hirne mit Atomcomputern paaren.

Die harten Männer der harten Energie,
Die nicht nach den Folgen fragen:
«Alles Sanfte ist weibisch.»

An einer Kette von Autos liegt der See.
Begradigt die Bäche wie die Kinder.
Tränenlos.
Selbst das vergiftete Wasser weint nicht.
Wenn die Dinge Tränen hätten,
Wir wären längst in einer Sintflut ertrunken.

Gibt es eine andere Flucht vor dem Tod
Als in den Tod?
In das heitere Nichtwissen der Neugeborenen?
Umgekippt alles.
Ist nur das Totsein noch unverschmutzt?

Ein Nirwana wünsch ich den Tieren und Pflanzen,
Wo sie leben können, wenn alles stirbt.
Von wo sie wiederkehren.

II
TEILHABE

Das Pferd und der Reiter

Das Ich aus sich allein ist nichts. Es ist nicht sein Herzschlag, nicht sein Körper, nicht seine Identität, nicht seine Umwelt. Alles kann ihm genommen werden. Was es ist, was es um sich hat, ist geliehenes Sein. Es ist ein Nichts, das nur ist, indem es an Geliehenem teilhat. Wenn alles Innere und Äußere da ist, das ein Wesen für sein Leben braucht, fühlt es sich getragen. Es entsteht ein Gefühl der Teilhabe: «Das Notwendige, das ich brauche, ist da, nur weil ich bin und es brauche. Von ihm nehme ich mich her. Die Welt gibt mir einen guten Stoff, aus dem ich ein gutes Ich bilden kann. Mein Selbst ist gut, auch es spielt mir zu, was ich brauche.» Das teilhabende Ich hat ein unbesorgtes Dasein. Das Leistungs-Ich dagegen ist unvollkommen vernetzt; es hat nur das zum Überleben Nötigste. Auf sich geworfen muß es immer etwas besorgen. Womit es verknüpft ist, ist nicht hinreichend. Es ist nicht getragen.

Es mag freilich umgekehrt sein: Weil es nicht teilhat, erlebt es sich als nicht getragen. Teilhabe entsteht durch den Zirkel der Teilhabe. Indem ich mich getragen fühle, habe ich teil. Indem ich teilhabe, fühle ich mich getragen. Das Ausmaß der Teilhabe hängt auch von dem Maß der Fähigkeit ab, sich getragen zu fühlen. Das Notwendige ist nicht so da wie Haare auf dem Kopf, sondern auch weil das Ich es dasein läßt.

Das Pferd allein trägt nicht, sondern das Pferd *und* das Reiten. Das Wasser *und* das Schwimmen tragen; die Milch *und* das Trinken nähren den Säugling. Also doch das Ich? Nein, das Selbst. Teilhabe ist Teilhabe am Selbstgegebenen.

«Selbstgegeben» heißt: vom Selbst und «wie von selbst» gegeben.

Der Leistungsmensch sitzt auf dem Pferd wie auf einem Ding, das gefährlich ist und kontrolliert, oder wie auf einem «störrischen Ding», das angetrieben werden muß. Er beschimpft seine Hände, die «ungeschickten Dinger», die die Zügel immer noch nicht richtig halten – weil er sich an die Zügel anklammert. Er reitet sein Pferd nur von außen, sein Körper wird von außen, von den Befehlen des Lehrers und vom Ich, das «es gut machen will», gelenkt. Der Teilhabe-mensch reitet von innen: aus dem Inneren des Pferdes und aus seinem Körperinneren. Sein Lehrer sagt nicht: «Laß endlich die Zügel locker», sondern «Was würdest du sagen, wenn du ständig im Schwitzkasten gehalten würdest?» So wird das Pferd ein «eingefühltes Pferd», und die Zügel lockern sich von selbst.

Der Leistungsmensch weiß zwar, daß er vom Wasser getragen wird, aber sein Gefühl ist eher so, als glaube er das nicht, als hinge es von seiner Verkrampfung ab, daß er nicht untergeht. Sein Schwimmen fließt nicht aus seinem Arm-und-Bein-Selbst hervor, sondern sein Ich kämpft es sich ab. Der Teilhabemensch dagegen fühlt sich vom Wasser und von seinem Schwimmen getragen.

Der Säugling wird nicht allein von der Milch, sondern ebenso von den Saugreflexen, später von seinem mit guten Erfahrungen gefüllten Trinken genährt. Dieses setzt voraus, daß er sich tatsächlich genährt, nicht nur ernährt fühlt. Es gibt Säuglinge, die Milch, die nur Ernährung ist, wieder ausspuk-ken. Da die Milch nicht liebevoll einfließt, machen sie nicht die Erfahrung getragenen Trinkens.

Überall also finden wir als Träger der Teilhabe ein Element der Welt und eine Aktivität des Selbst. Aber wenn die Aktivität nicht trägt, müssen wir dann nicht das Ich einsetzen und «Leistung fordern»? Grundsätzlich nein. Das Ideal des teilhabenden Bewußtseins ist die immer getragene und tragende Aktivität. Sie steht in ihm an der Stelle der Leistung. Natürlich können wir faktisch in das System Leistung überspringen. Aber das ist nicht notwendig. Wenn ich Klavier spiele, kann ich immer mit einem Schwierigkeitsgrad des Stückes, einer Geschwindigkeit, die dem, was ich gerade jetzt kann, angemessen sind, ein Spiel wählen, «das die Finger geben». Nur Überforderung, Ehrgeiz, Unlust machen das System Leistung notwendig. Es verhindert die «fließenden Finger», es macht sie zu befohlenen, vom Ich gebrauchten Fingern. Ihr Spiel ist dann Mittel zum Zweck des Ehrgeizes, der Pflicht, einer Leerebetäubung. Das Spiel der fließenden Finger hat seinen Zweck in sich, so wie das teilhabende Ich sich als «Zweck in sich selbst» weiß. Sie spielen für das Jetzt. Mag sein, daß es in ein Morgen fließt, an dem ich vollkommener spiele. Aber das Morgen ist nicht der Zweck des Jetzt. Das Fließen ist immer zweckfrei.

Freilich wäre jenes Ideal des teilhabenden Bewußtseins vom einzelnen nur in einem kollektiven Teilhabesystem erreichbar. Das Leistungssystem, in dem wir leben, läßt uns nur schmale Freiräume dafür, das Selbstgegebene wirken zu lassen. Es läßt das Ideal der Partizipation fast jenseits des Vorstellbaren erscheinen. Grundsätzlich aber ist, als Utopie, ein Ich denkbar, das nur aus dem Selbst und aus dem lebt, was aus diesem wie von selbst hervorfließt.

Identität, Identifikation, polare Teilhabe

Ein Ideal der Teilhabe ist die Teilhabe durch Identität: Ich bin, woran ich teilhabe. Das ist die Definition Gottes. Er ist, was er braucht; Sein allein aus sich selbst, ganz gefüllt mit allem, was notwendig ist. Nichts Geliehenes. Ist der Mensch die «Leidenschaft, Gott zu sein»? [12] Die Entwicklungsgeschichte des Menschen spricht dafür. Der Fötus, der Säugling, die in und an einem guten Mutterleib aufwachsen, kennen Zeiten ohne Mangelzustände. Sie glauben dann, mit ihrer Erfüllung eins zu sein. Dies wurde das Stadium der bedingungslosen Allmacht genannt[13], kein ganz glücklicher Ausdruck, denn das Gefühl «Ich bewirke» fehlt in diesem Stadium. Der gestillte Säugling ist, so könnte man etwas ironisch sagen, ein Milchtrinker, der glaubt, Gott zu sein. Er ist reines erfülltes Dasein, reine «Istheit». Die Darstellung, die Grof von der Grundform unseres Bewußtseins gibt, beruhend auf den «Erinnerungen» von LSD-Versuchspersonen an ungestörtes intrauterines Leben, formuliert die vorgeburtliche Spielart dieses Zustands: die spannungsfreie, verschwimmende, die ozeanische Ekstase. «Diese Erfahrungen sind mit einem glückseligen, undifferenzierten, ozeanischen Bewußtseinszustand verbunden. Häufig fehlen die konkreten biologischen Elemente, und die Aktivierung dieser Matrix manifestiert sich als eine Erfahrung kosmischer Einheit. Die Hauptmerkmale der Matrix sind die folgenden: die Transzendierung der Dichotomie Subjekt-Objekt, ein außergewöhnlich starker positiver Affekt (Frieden, Ruhe, Heiterkeit und Glückseligkeit), ein besonderes Gefühl von Heiligkeit, die Transzendierung von Zeit und Raum, die Erfahrung reinen Seins und eine Fülle von Einsichten von kosmischer Relevanz. Die Versuchspersonen sprechen häufig von der Zeitlosigkeit des gegenwärtigen Augenblicks und sagen, sie seien im Kontakt mit der Unendlichkeit. Sie bezeichnen diese Erfahrung als unbeschreiblich und betonen, sprachliche Symbole und die Struktur unserer Sprache seien außerstande, das Wesen dieses Geschehens und seine Bedeutung auszudrücken und mitzuteilen. Beschreibungen der kosmischen Einheit sind gewöhnlich voll von Paradoxen ... So kann eine Testperson über ihre Erfahrung z.B. sagen, sie sei inhaltlos und doch allesenthaltend: alles und jedes, was sie sich nur denken kann, scheint darin eingeschlossen zu sein. Sie spricht von einem völligen Verlust ihres Ichs und sagt doch, ihr Bewußtsein habe sich so ausgeweitet, daß es das gesamte Universum umfasse. Sie fühlt sich von Ehrfurcht ergriffen, demütig und absolut bedeutungslos und hat doch zugleich das Gefühl einer ungeheuren Leistung, sie erlebt sich selbst in kosmischen Proportionen und hat manchmal sogar das Gefühl, mit Gott identisch zu sein.»[14] «In diesem Zustand fällt es dem Betreffenden schwer, irgendwelche negativen Aspekte in der Welt und in der Struktur des kosmischen Planes zu sehen; alles erscheint vollkommen, alles ist, wie es sein sollte. In diesem Stadium erscheint die Welt als ein freundlicher Ort, wo man eine kindliche, passiv-abhängige Haltung voll Zuversicht in dem Gefühl völliger Sicherheit einnehmen kann. Einem Menschen in diesem Geisteszustand erscheint das Böse unwichtig, flüchtig oder nichtexistent.»[15] Wir dürfen in der Tat annehmen, daß der Mensch eine fortwährende Sehnsucht nach diesem Zustand hat.

Die verminderte Form der Identität ist die Identifikation. Statt der substantiellen Einheit stellt sie eine Wesenseinheit her. Dabei wird die «Anverwandlung» eines anderen Wesens, seine «Einfleischung» in frühen und in intensiven Augenblicken als Daseinsidentität mit ihm erlebt. Im Identifikationsträger sieht das Ich sein Bild: wer es ist, was es sein will. Jener lagert sich in ihm ab. Beim reinen Nachahmungsreflex, bei der Gefälligkeits-, der schauspielerischen Imitation findet eine solche Ablagerung des anderen, die zur Charakterbildung führt, nicht statt.

In der angesprochenen Identifikationsform setzt das Ich den anderen in sich hinein. Das Gegenstück dazu ist: Es «versetzt sich» in den anderen. Dies ist Einfühlung, Empathie. Aneignende und empathische Identifikation, oder Teilnahme, sind zu unterscheiden. Teilhabe im umfassenden Wortsinn schließt diese ein, ist sowohl nehmend als auch gebend.

Auch das Leistungs-Ich baut sich an anderen auf. Dies ist jedoch ein einsames Sichbesorgen einer Wesensidentität. Der andere geht dabei nicht empathisch mit, macht die Identifikation nicht zu einer gemeinsamen Sache. So versteht sich das Ich in ihm – dies ist etwa auch bei Identifikationsfiguren möglich, von denen es nur hört oder liest –, wird von ihm aber nicht verstanden. Denken wir an den vernachlässigten Sohn, der dem überbeschäftigten Vater einsam «etwas abschaut».

Während das teilhabende Ich die erfahrene Empathie zurückgibt und aufrichtig anerkennen kann, daß die Wege des Universums, so auch seine eigenen, auch in allen anderen enden, bleibt das Leistungs-Ich unempathisch. Es kann aber nachfühlen: sich ein Bild von dem machen, was im anderen vorgeht. Vertreter müssen diese Kunst beherrschen, um ihre Kunden geschickt handzuhaben. Dem Nachfühlen fehlt das Mitgefühl: Mitfreude, Mittrauer, Mitzorn. Mit ihm ist die aneignende Form des Nachfühlens nicht zu verwechseln. Wenn ein anderer weint, kann ich in seinen Tränen meine Tränen weinen. Ich bin dabei aber nicht teilnehmend; ich benütze seine Tränen.

Der Mensch kann das Gefühl, verstanden zu sein, auf den erweiterten Menschen, die Natur, übertragen; so belebt er sie. Sie versteht mich zwar – vermutlich – nicht wie ein Mensch einen Menschen versteht. Dennoch kann ich etwa das Gefühl haben: Der Wind, der mich «durchbläst», reinigt, wenn ich sorgenvoll bin, versteht besser als mein Sorgen-Ich, was ich brauche. Die Sonne versteht uns: Dieses Gefühl hat sie für zahlreiche Kulturen zum Gott gemacht. Der Baum versteht uns und wird zum Teilhabesymbol, zum Weltbild, zum Weltenbaum, der Weltachse ist, Himmel und Erde verbindet; die Schicksale der Menschen leben auf ihm. Die Tiere verstehen uns. (In manchen Mythen sind sie, etwa mit einem Bärenleib, verkleidete Götter oder maskierte Menschen. Manchmal, in Visionen, werden sie in ihrer nichtalltäglichen Gestalt auch gesehen.) Dies ist die Grundlage für den Tier-Totemismus. Die Totemtiere waren dabei nicht Projektionsträger des «Tierischen» in uns, während das «Höhere» noch auf menschengestaltige Götter gewartet hätte. Sie waren auch nicht nur Schutztiere, sondern Selbst-Modelle, Identitätswegweiser, Welt- und Lebensdeuter, spirituelle Führer, Egotöter. Etwa so: «Der Eisbär steigt aus dem Wasser und verschlingt den Körper des Initianten. Seine Ego-Konstitution ist erloschen. Während der Bär säuberlich das Fleisch von den Knochen nagt, erfährt das Bewußtsein des Initianten jene Läuterung und Reinigung, die Ziel aller spirituellen Erfahrung und Grundlage jeder schamanischen Kraft und Konzentration ist.»[16] Hören wir auch ein Gedicht, in dem das «Tier als Lebensform» bewundert wird:

Ich glaube, ich könnte hingehen und mit den Tieren leben, sie
    sind so ruhig und beschlossen in sich,
Ich stehe und schaue sie an, lange und lange.
Sie schwitzen und wimmern nicht über ihre Lage,
Sie liegen nicht wach im Dunkeln und weinen nicht über ihre
    Sünden,
Sie ekeln mich nicht an mit Erörterungen ihrer Pflichten vor
    Gott,
Keins ist unzufrieden, keins besessen von dem Wahn, Dinge
    besitzen zu wollen,
Keins kniet vor dem anderen oder vor seinesgleichen, das vor
    tausend Jahren gelebt hat,
Keins ist Respektsperson oder betriebsam auf der ganzen
    Erde.
So zeigen sie mir Verwandtes und ich nehme es an,
Sie bringen mir Zeichen meiner selbst und erweisen sie
    deutlich an sich.[17]

Ein anderes Gedicht ist ein Dokument eines «Pflanzentotemismus in Trauer».

Ich kann kein Blühen mehr sehn,
es ist so leicht und so gründlich
und dauert mindestens stündlich
als Traum und Auferstehn.

Nimm fort die Amarylle,
du siehst ja: gründlich: – Sie setzt
ganz rot, ganz tief, ganz Fülle
ihr Eins und Allerletzt.

Was wäre noch Stunde dauernd
in meinem zerstörten Sinn,
es bricht sich alles schauernd
in Augenblicken hin.[18]

Ein «Eins und Allerletzt» zu setzen, ist eine menschliche Ursehnsucht. Dem im Augenblick sich hinblätternden Ich aber ist die Identifikation mit der Pflanze, die dieses Ziel erfüllt, nur noch abschiednehmend möglich.

Der Mensch, der ich «bin», die Natur, die ich «bin», sind niemals Außenwelt im Sinne des Leistungs-Ichs. Sie sind ein Außen-Selbst; eine sanfte Grenze trennt uns von ihm. Es gibt jedoch eine Form der Teilhabe, die eine schärfere Grenze fordert. Liebt ein Mann eine Frau und «wird» diese Frau, so eignet er sich Weiblichkeit an. Er hat jedoch nicht teil an ihr wie ein Pol an einem anderen, partnerschaftlich. Die polare Teilhabe ist nur bei getrennten Identitäten möglich. Auch Empathie setzt Grenzen zum anderen voraus. Sie erkennt den anderen als anderen. Ohne Identitätsgrenzen fühle ich nicht mit ihm, sondern mit mir, mit meinem «Ich im anderen».

Nach der christlichen Theologie ist Gott dreifaltig: Eine göttliche Substanz, zugleich drei einander ganz durchdringende und doch real unterschiedene Personen, so unterschieden, daß der Sohn allein Mensch werden kann. Hier finden wir das Ideal der Teilhabe. Das Ich «ist» zugleich der andere, und ist er nicht; es «ist» die Welt, und ist sie nicht. Wenn zwei Menschen, sexuell vereinigt, eine «göttliche Kugel» bilden, in der sie miteinander verflossen sind, kann es sein, daß der eine den anderen schmerzhaft beißt. Der Biß stellt die Grenze wieder her.

Mystik und Mythos

Mystiker glauben, daß die Leidenschaft, Gott zu sein, keine vergebliche Leidenschaft, daß die Teilhabe durch Identität möglich ist. Im gnostischen Evangelium nach Thomas lesen wir: «Ich bin das All. Es ist das All aus mir hervorgegangen und das All ist zu mir gelangt. Spaltet ein (Stück) Holz, ich bin da. Hebt den Stein auf, und ihr werdet mich da finden.»[19] Im ägyptischen Totenbuch steht:

«Ich bin das Heute.
Ich bin das Gestern.
Ich bin das Morgen.
Meine wiederholten Geburten durchschreitend
Bleibe ich kraftvoll und jung;
Ich bin dem Geheimnis verwobene göttliche Seele,
Die einstmals, in frühester Zeit,
Die Göttergeschlechter erschuf
Und deren verborgenes Wesen ernährt
Im Himmel, im Duat, in Amenti die Götter …
Ihr alle, erfahret:
Ra bin ich, wahrlich!
Er dagegen, der Gott, bin ich!»[20]

«Ich bin Gott», «Gott ist das All, ist ich»: Diese Sätze, wörtlich genommen, geben die Erfahrung einer substantiellen Einheit wieder. – Wenn ich mich aber zur Welt wie ein siamesischer Zwilling zum anderen verhalte, ergreift mich

Platzangst. Ich will mich losreißen. – Die Mystiker sagen: «Die Welt ist nur dein Alptraum. Erwache! Die Welt ist der Staub am Göttlichen. Schüttle ihn ab!» Ein buddhistischer Aphorismus sagt: «Diese selbe Welt mit ihrer ganzen Unvollkommenheit ist die goldene Lotoswelt der Vollkommenheit.» Ist das aber nicht eine Regression in den ozeanischen Mutterleib? Wir können es so sehen. Aber auch so, daß der Fötus weiser ist als unser Alltagsbewußtsein. Was wie eine Regression aussieht, mag eine Wahrheitsprogression sein.

Vom Tao heißt es: «Das Tao bringt alle Wesen hervor und nähret sie, läßt sie gedeihen und zieht sie groß, macht völlig sie und läßt sie reifen, verpflegt sie und beschirmet sie.» Und: «Als das da keinen Namen hat, ist es des Himmels und der Erde Urgrund. Als das da Namen hat, ist es der Myriaden Wesen Mutter.» «Gott ist alles» kann auch so verstanden werden: Gott ist in allem wie eine Mutter empathisch im Kind, in allen seinen Regungen, in allen seinen äußeren Umständen ist. Sie «ist» das Kind, ohne doch eine Substanz mit ihm zu sein. Daß heißt auch: Das Kind ist ganz in der Mutter. Ißt es, ißt die Mutter mit; und das Kind ißt die Mutter mit; so wird es genährt, so nährt es sich.

Im Mythos gibt es nicht einen, sondern eine gegliederte Vielzahl von Trägern der Teilhabe. Es gibt Endlichkeiten, Götter, Göttergruppen, einander über- und untergeordnet, manche gegeneinander arbeitend. Und es herrscht eine wechselseitige Abhängigkeit, eine Kreisbeziehung zwischen Göttern und Menschen. Die Mythen sind ökologisch.

«Einst sprach Prajâpati, als er das Opfer und die Menschen
    schuf:
Durch dieses sollt ihr fruchtbar sein, dies soll die Wunschkuh
    für euch sein.
Fördert damit die Götter in ihr! Die Götter sollen fördern
    euch!

Euch gegenseitig fördernd so, sollt finden ihr das höchste Heil.»[21]

Der Mensch opfert den Göttern – der Natur, dem Menschen, dem Selbst. Wir tun durch Umweltschutzgesetze oder in einer psychotherapeutischen Behandlung, die ein Opfer an das Selbst, das Unbewußte ist, dasselbe. Die Menschen dachten: «Wenn wir aufhören, unseren Göttern zu opfern, dann sterben sie – und wir mit ihnen.» Die Götter dachten: «Wenn die Menschen aufhören, uns zu opfern, so sterben wir. Wir dürfen sie nicht töten.» Manchmal wurden die Menschen den Göttern zu gefährlich, dann beschnitten sie sie. Zum Beispiel teilten sie nach Platos Bericht den vierbeinigen, vierarmigen, zweigesichtigen Ganzmenschen in zwei Hälften, «wie man Eier mit einem Haar entzweischneidet», da sie seine Stärke fürchteten. Die Menschen hatten es gewagt, den Himmel zu erklimmen und die Götter anzugreifen. Diese vernichteten jene aber nicht ganz, denn dann wäre es mit dem Opfer und mit ihnen selbst zu Ende gewesen.

Der Mensch schafft aber nicht nur die Götter, er schafft auch den Kosmos im ganzen immer mit. Wie die Schöpfung vorgestellt wird, so die kooperative Tätigkeit des Menschen für ihre Erhaltung. Geht die Schöpfung aus der sexuellen Vereinigung eines Urgötterpaares hervor, so ist zur ständigen Mitschöpfung die öffentliche Heilige Hochzeit notwendig. Der sakrale König vollzieht mit der Priesterin oder der sakralen Königin, der Stellvertreterin der Göttin, den welterhaltenden Beischlaf. Entsteht die Schöpfung aus dem Selbstopfer, der Selbstzerstückelung eines Urwesens – so wie die Pflanzen sich, verrottend, darbringen, wie die Winternatur sich darbringt für die Frühlings-Wiedergeburt –, so erhalten kultische Tötungen das All. Das eine kann mit dem anderen zusammengehen, beide Erhaltungsriten einander folgen.

Klingt das Opfern aber nicht eher nach einem Leistungssystem? – In der Tat kann man den Mythos nicht unbesehen als

Teilhabesystem bezeichnen. Er kann das eine oder das andere sein. Vielleicht ist die Tötung eines Ritualkönigs ein symbolisches Imitations- und Kooperationsspiel, in dem er am eigenen Leib und unter Einsatz seines Lebens mittut, was die Natur tut. Vielleicht ist sie vorwiegend ein Angstopfer. Das kommt auf die Einstellung an. – Denken wir zum Beispiel an die Azteken, die den sozialen Kosmos durch unaufhörliche Kriege verheerten, um genügend Kriegsgefangene zu haben, mit deren noch zuckenden Herzen sie die Sonne fütterten. Da stimmt doch etwas nicht. – Wir können die Menschenopfer der Azteken verschieden sehen. Einmal so: Sie wollten etwas für die Sonne tun, so wie wir etwas für sie tun, für unsere Sonne, wie sie auf unserer Haut ankommt, wenn wir auf die Gase verzichten, welche die schützende Lufthülle zerstören. Das war mythische Ökologie. Die Natur, die nicht nur stark, sondern auch schwach ist, muß erhalten werden. – Aber mit seltsamen Mitteln. Das schlichte Gebet eines Indianers an eine Maus, das er verrichtet, bevor er ihr Bohnen aus dem Bau nimmt – aber nicht alle, und nicht, ohne ihr Mais und Speck als Gegengabe hineinzulegen –, ist sicherlich ökologischer als Menschenopfer. Glaubten im übrigen die Azteken wirklich, die Sonne ginge unter, wenn sie nicht Herzen zu fressen bekäme? – Der Philosoph David Hume sagt: Daß die Sonne immer aufgegangen ist, beweist nicht, daß sie auch morgen aufgehen wird. Diesen Philosophenzweifel, als bewegenden Gefühlszweifel, scheinen die Azteken wirklich gehabt zu haben. – Das ist aber doch Angst, nicht vertrauensvolle Kooperation; Angst, die zum Leistungsprinzip führt: «Wir halten die Sonne am Schopf.» Was hatten die Azteken dem Weltall denn getan, daß sie sich so ungetragen glaubten? – Ihre Menschenopfer hatten auch eine psychologische Bedeutung. Die Sonne war ihr Männlichkeitssymbol. Vor der patriarchalen Religion hatten sie eine matriarchale. Sie ängstigten sich vor der Wiederkehr des Weiblichen. Sie fürchteten, daß die Sonne und der Taghimmel eines Tages nicht mehr die Kraft haben könnten, das westliche Nachtmeer – Symbol des Weiblichen – zu überwinden; es würde dann die ganze Welt überschwemmen. Insofern warfen sie ihre Kriegsgefangenen in ein bodenloses Angstfaß. Wie jede nur äußere Abwehr gegen eine innere Gefahr war auch diese ebenso nutzlos wie maßlos.

Der Mythos schwankt zwischen Anlehnung und Angst. Denken wir an die Teilhabevorstellungen der Primitiven, für die ja alles von Mächten, Geistern, Göttern, die sichtbare Welt ganz von der unsichtbaren regiert wurde. Sie sind qualitativ sehr verschieden. «Die Träume sind der Offenbarungsort der Götter.» «Eine Frau wird schwanger, wenn der Geist eines Verstorbenen, der wiedergeboren werden will, sich Zutritt zu ihrem Körper verschafft.» «Man stirbt nicht von einem kalten Wind, man wird nur krank oder stirbt, wenn man verzaubert worden ist.» «Wenn Dürre die Ernte versengt und das Vieh tötet, ist ein Ahne beleidigt worden.» Manche Stämme lebten in einem Angstkosmos, gegen den sie unzählige magische Angstabwehrleistungen setzten. Wenn es zuwenig Mutterleibsstimmung und statt dessen zu viele Geister und Götter gibt, zuviel Furcht – «Haben wir diesen genügend geehrt, jenem ausreichend geopfert?» –, so ist dies kein freundliches Anlehnungssystem. Andere Stämme hatten auch Angst, aber eine getragene, aufgehobene; letzten Endes waren ihre Lebensmächte eher freundlich. Die Emotionen hinter den Mythen entscheiden. Sie waren sicherlich nicht immer klar. Die Angst mag das Vertrauen verraten, das Vertrauen die Angst besiegt oder beide sich zu einem Vexiergefühl zusammengefügt haben.

Es ist also nicht so, daß die «weiblichen», nicht-rationalen Weltfunktionen ein sicheres Indiz für ein Teilhabesystem sind. Gibt es überhaupt ein Merkmal der Unterscheidung zwischen dem einen und dem anderen System? Es liegt darin, ob der Mythos eine Richtung auf die Mystik hin annimmt oder nicht. Dies mag nur gegen den Widerstand der Götter möglich sein. Brahman, der Eine hinter allem einzelnen, sagt: «‹Über den Opfern› – das bin ich.»[22] Wenn die Menschen «nun hier in bezug auf den einzelnen Gott sagen, opfere ‹diesem oder jenem›, so ist der nur eine Einzelschöpfung von ihm.»[23] Die Einzelschöpfungen verzichten aber nicht gerne um des Einen willen. Denn der Mensch «ist wie ein Nutztier für die Götter. Wie viele Tiere dem Menschen zum Nutzen dienen, so dient der einzelne Mensch den Göttern zum Nutzen. Wenn nur ein einzelnes Tier ihnen genommen wird, so ist das ihnen schon nicht angenehm, geschweige denn, wenn viele ihnen genommen werden. Darum ist es ihnen nicht lieb, wenn die Menschen zu dieser Erkenntnis gelangen.»[24] Die Erkenntnis ist: Alles, das All, die Götter, die Menschen sind das Eine.

Hören wir zwei Dokumente eines Einheitsgefühls hinter dem Mythos aus dem indianischen Kulturkreis:

«Das große Meer hat mich in Bewegung gebracht,
hat mich in Fahrt gesetzt.
Es bewegt mich wie eine Alge im Fluß.
Das Himmelsgewölbe und die gewaltige Luft
    bewegen mich,
sie bewegen mein Inneres und haben mich mitge-
    rissen,
daß ich zittere vor Freude.»[25]

«Ich bin es, der in den Winden wandert,
Ich bin es, der in der Binse flüstert,
Ich schüttele die Bäume,
Ich schüttele die Erde,
Ich wühle allenthalben die Wasser auf.»[26]

Tritt der Mythos auf dem Hintergrund einer Einheitserfahrung auf, so ist seine Praxis nicht magisch, sondern spirituell. Auch dies ist ein Unterscheidungskriterium. Ihr

Ziel ist der Verzicht auf das Ich. Schauen wir auf die spirituellen Mühen der Schamanen: Bedrohliche seelische, körperliche Krankheit, Einsamkeit, Fasten, Steinereiben oder ein anderes Mittel für Trance und Leere, Naherfahrung des Todes, Ichtod, Visionen, das Erwachen des kosmischen Innen- und Außen-Selbst. Dies alles ist weit entfernt von magischen Praktiken und unterscheidet sich klar von ihrem Angstsystem.

III
GESTEIGERTE TEILHABE: TRANCE

Trance?

Die gesteigerte Form der Teilhabe, in der das Selbstgegebene prägnant wird, soll im folgenden Trance heißen. Die alltäglichen Assoziationen zum Wort «Trance» empfehlen diese nicht zur Lebensform. Das Alltagsbewußtsein wehrt durch sie ab, was ihm unheimlich ist – es disqualifiziert die Trance. Manchmal denkt es auch an Trancephänomene, die ungewöhnliche Bewußtseinsleistungen sind. Damit interessiert es sich aber nur für den Leistungsaspekt der Trance. Hören wir, bevor wir zum positiven Trancebegriff kommen, solche Assoziationen. Ein Zeitungsbericht beschreibt, wie nach einem großen Hagelschlag die Menschen «wie in Trance» herumirrten. «Sie wußten nicht, wie ihnen geschah.» Eine vergewaltigte Frau ist in einer «Schreckenstrance». «In Trance» heißt hier Verlust von Überlebensfunktionen, benommen-, gelähmt-, verwirrtsein. Betäubungstrance: «Der Schüler sitzt während des Unterrichts da wie in Trance»; «den Gucker haben». Rauschtrance: Autobahnrasen, Disko-, Fußballtrance, Rasputin und die Frauen. Kontrollverlust, Delirium: «Ich weinte stundenlang, ich hatte kein Gefühl mehr für die Zeit»; Berserkergang; der Pyromane, der glücklich in die Flammen starrt. «Manchmal schießt die Wut wie ein süßes Rauschgift, wie eine Droge in mich ein. Dann werde ich gegen meine Frau tätlich, ich habe auch einmal einen Mordversuch an ihr gemacht.» Kontaktverlust: Ein Kind, eingeschlossen in einen Schreikrampf, der es unerreichbar macht. Bewußtseinsverlust: Menschen, die stundenlang «ohne Bewußtsein» neugierigen Umstehenden von früheren Leben erzählen. Entmündigung, Hörigkeitstrance auf Massen- und Einzelebene: «Ein Volk, ein Reich, ein Führer.» Hypnoseerfahrungen der frühen Psychoanalytiker, die sich deshalb von der Hypnose abwandten: Patienten, die dem Hypnotiseur Allmacht zuschrieben, die Sitzungen mit angsthysterischen Anfällen zubrachten, grobsexuelle Manifestationen zeigten. Das «Kaninchen vor der Schlange»; der Skifahrer, der wie magisch angezogen auf den einzelnen Baum am Anhang zurast. Gebanntsein, aus sich heraus-, in etwas hineingerissensein. «Besessenheit», glückliche oder unglückliche: «Vom Teufel geritten sein.» «Trance, Entrükkung, Verzückung, bei den Spiritisten der Zustand, in dem sich die sog. Medien infolge der Materialisation anderer oder freigewordener Geister befinden.»[27] Besondere Tranceleistungen, nützliche oder gefährliche: Der Somnambule, der erwacht und sich auf der Autobahn als Geisterfahrer vorfindet; Schauhypnose, Medien, die im Schlaf wahrsagen, auch Überprüfbares; Menschen, die in Not- oder emotionalen Extremsituationen übersinnliche Fähigkeiten und außerordentliche Körperkräfte entwickeln.

Diese Phänomene der negativen Trance sollen später eingeordnet werden. Wenden wir uns dem positiven Trancebegriff zu, wie er sich im psychotherapeutischen und spirituellen Bereich durchgesetzt hat. Ein anderes Wort gleicher Bedeutung ist: «flow»[28], fließendes Bewußtsein. Entwicklungsgeschichtlich ist das Trancebewußtsein, beim Kind, beim Primitiven, früher als unser Alltagsbewußtsein. Kinder sind solange in einem Fließbewußtsein, bis Enttäuschungen und Dressur dieses an tote Punkte bringt. Trance sollte daher eigentlich «das Natürlichste von der Welt sein.»[29] Nachdem das Alltagsbewußtsein etabliert ist, führt die Trance einen Menschen wieder aus ihm heraus; Strukturen und Inhalte seines Wachbewußtseins werden ausgeschaltet, «indem man ihn in einen anderen Bewußtseinsraum führt. Nicht, daß er seinen klaren Verstand aufgibt und nichts mehr hören, sehen oder denken kann; es heißt lediglich: das Begriffssystem, das seinen Wachzustand steuert, ist außer Kraft gesetzt.» Viele Leute, die eine Trancetherapie erleben, «sagen: ‹Ich glaube, ich war gar nicht in Trance, ich konnte ja noch alles mögliche hören und fühlen.› Wenn man gar nichts mehr hört und sieht, ist man tot. Das ist aber etwas ganz anderes. Unter Hypnose ist sogar meistens alles, was Sie hören, sehen oder fühlen, viel intensiver als sonst.» («Hypnose» und «Trance» werden hier gleichbedeutend verwandt.) «Ich meine, man hat unter Hypnose viel *mehr* Kontrolle über sich selbst, als man glaubt. Hypnose bedeutet nicht, daß man jemanden unter seine Kontrolle bringt. Man ermöglicht jemandem mehr Selbstkontrolle ...» «Nach meiner Erfahrung haben Menschen im Trancezustand wesentlich mehr Selbstachtung als im Wachzustand. Wenn ich jemandem einen negativen, schadenbringenden Auftrag gebe, wird er ihn im Wachzustand wahrscheinlich eher ausführen, als wenn er in Trance ist ... Es ist sehr schwierig, jemanden in Trance dazu zu bewegen, etwas zu tun, was nicht gut und sinnvoll für ihn ist. Anscheinend sind die Menschen in Trance scharfsinniger und kritischer als sonst. Es ist viel einfacher, jemanden im Wachzustand auszutricksen oder zu übervorteilen, als wenn er in irgendeinem anderen mir bekannten Bewußtseinszustand ist.» Der englische Dichter Tennyson beschreibt einen Trancezustand folgendermaßen: «Ich hatte nie irgendwelche Erscheinungen durch Anästhetika, doch eine Art ‹Wachtrance› ..., die ich seit meiner Kindheit häufig erfuhr, wenn ich allein war. Der Zustand kam über mich, indem ich meinen eigenen Namen leise wiederholte, bis ganz plötzlich, so als käme es durch die Konzentration auf das Bewußtsein meiner Individualität, die Individualität selbst sich aufzulösen und in ein grenzenloses Sein einzugehen schien. Und das war kein verwirrter Geisteszustand, sondern der klarste, der wirklichste der Wirklichkeit, vollkommen jenseits aller Worte – wo der Tod beinahe eine lächerliche Unmöglichkeit, der Verlust der Persönlichkeit keine Auslöschung, sondern das einzig wahre Leben schien.»[30] Nirgends in den hier aufgeführten Zitaten finden wir diejenigen Züge, die die Trance nach ihrer negativen Form kennzeichnen.

Unterscheidungen

Einige Bemerkungen zum Verhältnis der konstruktiven Trance zur Entspannung, Suggestibilität und Hypnose. Entspannung ist im Rahmen des Systems Leistung und des Systems Teilhabe möglich. Dem ersten dient sie zur Wiederherstellung seiner Funktionsfähigkeit. Sie ändert nichts an ihm, dient ihm ja, verhindert seinen Zusammenbruch. Auch das andere System kennt natürlich einen Rhythmus von Aktivität und Ruhe. Diese aber wird von beiden Systemen unterschiedlich gehandhabt. Ich kann, zum Beispiel, zu meinem Körper sagen: «Entspanne dich, schlaf ein.» Dann versucht er angestrengt, sich zu entspannen. Wenn das zu nichts führt, zähle ich Schäfchen. Dann nehme ich ein Schlafmittel. Ich kann meinem Bewußtsein aber auch sagen: «Geh in Trance. Such dir selbst einen Weg, einzuschlafen. Im übrigen entscheide zuerst, ob du wirklich einschlafen willst.» Trance läßt frei, und sie läßt das Bewußtsein selbst die Dinge tun.

Suggestibilität ist eine Bereitschaft zu passiven Reaktionen. Wir unterwerfen uns auf körperlicher, intellektueller, emotionaler Ebene der Suggestion von Menschen, Umständen, Zuständen. Wir folgen der Suggestion des Augenblicks, einer Stimme, der Angst. «Wenn ich auf der Straße gehe und auf der anderen Seite jemanden hinken sehe, muß ich auch hinken.» Manche Menschen weinen, nur weil ein anderer weint: Chamäleonweinen. Ich hörte von zwei Männern, die lange miteinander gereist waren und unter der Suggestion einer Prügelei, die sie zufällig beobachteten, sich auch zu prügeln begannen. Untersuchungen zeigen: Wenn Leute befragt werden, ob sie eher glücklich oder unglücklich sind, so behaupten sie bei Sonnenschein leichter das erstere, bei Regen das letztere. Vor Interviewern, die dem anderen Geschlecht angehören, neigen die Befragten eher als auf anonymen Fragebögen dazu, ihre Existenz zu beschönigen. Suggestibel sind wir auf der Ebene der Nachahmungs-, Gefälligkeits-, Unterwerfungsreflexe. Die Nachahmungsreflexe gehören nicht allesamt dem System Ding an, sondern kommen auch als spielerische Vorform der Identifikation vor. Alle diese Reflexe lassen uns «mitgehen», sind insofern den Trancephänomenen oberflächlich verwandt. Die Trance setzt jedoch die Bereitschaft zu äußerlichen «Mitbewegungen» gerade herab. Wer in Trance ist, ist in sich zentriert und für sie weniger anfällig.

Die Hypnose – das ist freilich eine Frage der Bedeutungswahl für dieses Wort – kann als passive Trance bezeichnet werden. Sie unterscheidet sich von der aktiven Trance dadurch, daß diese primär von den inneren Selbstsystemen – wir werden bald über sie sprechen – getragen werden, während der passiv Hypnotisierte vom Hypnotiseur abhängt. Freilich ist die Grenzlinie zwischen beiden Trancearten fließend. Passive Trance kann als Schrittmacher für aktive dienen, diese daraus Kraft gewinnen, gemeinschaftlich vollzogen zu werden. Von der Autohypnose können wir sagen: In ihr ist der Hypnotiseur verinnerlicht. Aber auch: Sie steht der aktiven Trance näher. Wenn wir freilich in den Begriff der Hypnose den Hypnosezweck hineinnehmen, also sagen: jede Hypnose hat einen Zweck, zum Beispiel Schmerzunempfindlichkeit herzustellen, so trennt dieses Merkmal die Autophypnose von der aktiven Trance. Zwar kann auch sie mit Aufträgen verbunden sein, aber immer im Rahmen der genannten «Freiheit der Trance» und der Selbstsysteme.

Der Hypnotiseur überwältigt nur in der Gewalthypnose, die von den Reflexen auf Suggestionen Gebrauch macht. In der gewaltfreien Hypnose, die auf Befehle verzichtet, ist der Hypnotiseur wie eine freundliche Elternfigur, er ruft, etwa durch Geschichtenerzählen, den kindlichen Persönlichkeitszustand wach, um ihn dann für gesetzte Zielrichtungen zu verwenden. Das Kind hat, indem es die Elternfigur als einen Teil von sich selbst wahrnimmt, ihr gegenüber einen plastischeren Körper, eine von ihr formbarere Psyche als der abgegrenzte Erwachsene. Es hat Angst, weil die Mutter ihm Angst «zuspricht», vielleicht indirekt: «Hab keine Angst!» Auf demselben Weg wird es mutig, beruhigen sich seine Schmerzen, hält es sich für gut oder schlecht.

Die hypnotisch erzeugten Zustände sind zerbrechlich, wenn sie nicht von der aktiven Trance weitergetragen werden. Ein Freund versetzte sich beim Zahnarzt autohypnotisch in einen Zustand der Schmerzunempfindlichkeit. Als jener aber am Schluß der Behandlung fragte: «Hatten Sie wirklich keine Schmerzen?», da hatte er sie zwei Tage lang auf die fürchterlichste Weise. Das Wort «Schmerz» rief den von einem hypnotischen Unempfindlichkeitsfilm überzogenen unbewußten Zahnschmerz wach.

Das Ich fährt aus seiner Haut

Im teilhabenden Bewußtsein, in der Trance vermindern sich die Charaktere des uns alltäglich vertrauten Ichs. Das Ichgefühl ist aus mehreren Elementen zusammengesetzt. Indem wir im einzelnen die Vorgänge ihrer Verminderung beobachten, gewinnen wir ein Bild der Trance. Ein Blick auf die Umgangssprache zeigt, daß alle unsere Gefühle eine Neigung dazu haben, das Ich – konstruktiv oder destruktiv – zu entmächtigen. «Ich vergehe vor Angst»: das Ich vergeht vor Angst. «Ich versinke vor Scham in den Boden», «Ich

zerfließe in Tränen», «Der Gram frißt mein Herz»: der Gram
ist Subjekt, das Herz, das Ich Objekt. «Ich sterbe vor Liebe».
«An den Brüsten Lolitas sterben vor Liebe die Zweige», heißt
eine Gedichtzeile von Lorca. «Ich bin ohnmächtig vor Wut»,
«Ich platze vor Wut», «Ich fahre aus der Haut». «Ich bin
gelähmt vor Entsetzen», «Ich sterbe vor Kummer», «Ich
verschwebe im Blau des Himmels», «Ich bin blaß vor Neid»,
«Ich bin rasend vor Eifersucht». «Schlaf übermannt mich»:
das Ich. «Ich zerreiße mich in Sorge», «Ich brenne vor
sexueller Erregung», «Ich brenne vor Neugier», «Ich vergehe
vor Freude», «Ich schwimme in Seligkeit», «Ich verliere mein
Herz an ...», «Ich verliere meinen Kopf über ...», «Ich bin
verrückt nach ...». Andere Wendungen sind: starr vor
Schreck, schmelzend vor Mitleid, wahnsinnig vor ..., trunken von ..., berauscht von ..., taumelnd vor ..., kopflos vor
..., sprachlos vor ..., z.B. Staunen, Angst. Alle intensiven
Gefühle machen sprachlos, überwältigen das Sprach-Ich. Wir
sagen auch: Jemand ist besessen von ..., vulgärsprachlich:
«Ihn hat's», «er ist ganz weg». Jemand «gerät außer Fas-
sung», etwa: «Er schluchzt fassungslos.» Alle Gefühle, stark
genug, sprengen die Ichfassung. Überall finden wir hier das
Ich seiner Urheberschaft, seiner Kontrolle, seines Subjekt-
seins beraubt, es hat nur das Zusehen, Dabeisein, Ertrinken.
Psychosomatische Parallelen sind: «Mir wird schwach in den
Beinen», z.B. vor Angst. «Das Herz fällt in die Hose»; Kot,
Urin können nicht gehalten werden.

Fehlende Eigenwahrnehmung

Ein Element des Ichgefühls ist die Eigenwahrnehmung.
Es ist so, als würden wir im Ichsagen mit dem Zeigefin-
ger auf uns zeigen. «Ich gehe»: Ich setze den, der da geht, und
den, der ihn gehen sieht, ineins; es ist derselbe Mensch. Das
Kind sagt in einem bestimmten Stadium seiner Ichentwick-

lung: «Karl geht.» Es ist sich, gehend, ein Ereignis, das es noch nicht ganz eingeholt hat. Der Erwachsene erlebt dies wieder in Ichzuständen, die ihm noch unvertraut sind. Es wäre ein Bewußtsein denkbar, das Karl gehen sieht, aber niemals weiß, daß Karl und der, der ihn sieht, derselbe sind. Es würde sich mit Karl nicht identifizieren. Ich hatte einmal eine Mandeloperation. Ich fühlte in der Narkose Schmerz, aber «da war ein Schmerz», ich erkannte ihn nicht als meinen, holte dies erst nach dem Aufwachen in der Erinnerung nach. Es war auch nicht der Schmerz eines anderen. Er war niemandes Schmerz, herrenlos. Es gibt also eine Wahrnehmung meiner selbst ohne Ichsagen – so wie ich «Ich wache auf» fühle, aber dabei kurz vergessen kann, daß ich der Karl bin: «Wer ist es, der da aufwacht?»

In der Trance kann die Eigenwahrnehmung fortfallen, etwa bei Medien. Die Alltagssprache redet dann von Bewußtseinsverlust. Das ist ungenau. Es ist nur die Eigenwahrnehmung, die fehlt. Das Normalbild dafür ist der Schlaf. Im Schlaf setzt nicht das Bewußtsein, sondern die Eigenwahrnehmung aus. Gewöhnlich fühlen wir nicht «Ich schlafe», so wie wir fühlen «Ich gehe». Es gibt Leute, die behaupten, man könne es trainieren, schlafend die Eigenwahrnehmung zu behalten. In der Tat, manchmal wissen wir beim Träumen: «Ich schlafe, ich träume.»

Wir tun im Schlaf allerlei, was ein präzises Bewußtsein verlangt. Denken wir an den Ammenschlaf: Die Amme überschläft das Flugzeuggebrüll, aber das leise Wimmern des Kindes weckt sie auf; ihr Bewußtsein unterscheidet also zwischen für sie wichtigen und unwichtigen Reizen. Wir rücken die Bettdecke am Gesicht zurecht, wenn sie uns stört. Der Schlafwandler ist geschickt im Lösen von Schnüren, die er um sein Bett gespannt hat, um sich am Aussteigen zu hindern. Manche lernen im Schlaf. Wir erwachen zu Zeitpunkten, die wir uns vornehmen. Vorher haben wir das Traumbewußtsein. Es ist nach dem Erwachen oft, zu Teilen immer, wieder unbewußt; vielleicht über größere Strecken hinweg aber auch schon während des Träumens, so wie wir ja auch im Wachen viele Wahrnehmungen unbewußt machen.

Das kleine Kind hat die Eigenwahrnehmung nur rudimentär. Sie entwickelt sich langsam; dennoch lernt es, auch ohne voll in ihr zu sein, außerordentlich viel. Der Verlust der Eigenwahrnehmung, die Tätigkeit «des Unbewußten», d. h. eines Bewußtseins, das nichts von sich weiß, ist für viele Aktivitäten förderlich. Unbewußt gefundene Problemlösungen zum Beispiel sind oft besser als bewußt gesuchte.

Ich-Anker

Ein anderes Element des Ichsagens ist das schlichte Ich-bin-Gefühl: Ich existiere. Es hängt an Ichankern. «Ich bin, indem ich denke», «Ich erobere Frauen, also bin ich»: Das sind innere Ichanker. Es gibt auch äußere. «Weil mein Sohn lebt, bin ich.» Je weniger Ichanker ein Ich hat, desto abhängiger von bestimmten Tätigkeiten und Objekten und desto starrer ist es. Ein gesundes Ich hat ein vielfach verankertes Ichgefühl. Manchmal reißen die Ichanker. «Ich kann nicht mehr denken, bin ich noch?» «Mein Sohn ist tot, bin ich noch?». Starker Föhn läßt bei manchen Menschen die Ichanker sich lockern. Er ist eine trancehafte Witterung. Die Trance lockert die Fixierung an ungenügende Ichanker. Sie wirft neue. In der destruktiven Trance können alle Anker reißen, ohne daß neue geworfen werden. Etwa so: «Ich bin die Leere, also bin ich nicht, also ist nichts.»

Wie ist es mit dem «Ichtrieb» (Freud), d. h. dem Überlebenstrieb, in der Trance? Seine Angstform verschwindet. Ich bin sicher zu überleben, oder gelassen gegen den Tod. Wie ist es mit dem Überich? Es löst sich auf. Die Trance trägt und wir können die unterwürfige Anklammerung an Befehle und Verbote aufgeben. Wie ist es mit dem Ego und seinem

Egoismus? Die Trance füllt uns, wir haben etwas zum Überfließen. Wie ist es mit der Ich-Identität, dem Wissen, wer ich bin und sein will? Wir erhalten das Wissen unseres Selbst und erinnern uns mitleidig an das arme Unwissen des Ichs.

Autonome Selbstzentren

Etwas anderes, das wir beim Ichfühlen tun, ist: Wir trennen uns von unseren Aktivitäten. Das Ichsagen ist immer ein Ich-bin-nicht-Sagen. Das bedeutet mehreres. «Ich gehe» heißt einmal: Ich bin nicht nur mein Gehen, ich bin mehr als mein Gehen. Eine größere Ganzheit setzt sich über das Gehen. Weiter: Das Ich ist Substanz, die Tätigkeit Anhängsel, Akzidens, durch das sie sich bestimmt. Schließlich: Das Ich ist Eigentümer, alles andere sein Eigentum. Das Gehen ist mein Gehen, es gehört mir.

Natürlich gibt es jene Ganzheit. Eine Patientin berichtete: «Heute nacht träumte ich, ich sei kein Mensch mehr, nur noch ein Schrei.» Hier ging die Ganzheit destruktiv verloren. Die Substanz dagegen ist wohl nur eine Redewendung. Die Sprache formuliert nach Subjekt und Prädikat. Es gibt keine leere identische Ichsubstanz, die näher bestimmt wird, ein einfaches Ichding, das unter allem liegt. (Es sei denn, man wolle im «ozeanischen Gefühl», welches das Ich trägt – darüber später mehr –, diese leere Substanz sehen.) Auch das Besitzergefühl ist in seinem Recht bezweifelbar. Gehört das Gehen dem Ich oder das Ich dem Gehen? Habe ich Hunger oder hat der Hunger mich? «Ich habe ein Ich.» Wer hat das Ich, ein Ober-Ich?

Ich bin nicht ..., Ich bestimme mich als ..., Ich habe ...: Mit der Identifikationsabsage an die Tätigkeit geht etwas verloren. Ich bin nicht eins mit meinem Gehen. Die alltägliche Ich-Aktivitäts-Spaltung, die Erfahrungsform Subjekt-

Prädikat haben ihren Preis. Sie sind nicht ursprünglich. Der Säugling schreit nicht; wenn er schreit, ist er Schreien «und sonst gar nichts». Denken wir an ein Kind, das von einem schlimmen Husten geschüttelt wird. «Ich huste»? Nein. Es ist ein Anhängsel seines Hustens. Das Schreien, zum Beispiel, ist das erste, die Substanz; das Ich das Hinzutretende. Genauso ist es wieder in der Trance. Alle Tranceaktivitäten sind tendenziell ichlos. Ein Kletterer sagt: «Man ist dermaßen in der Tätigkeit ‹drinnen›, daß einem kein von der unmittelbaren Tätigkeit unabhängiges ‹Ich› in den Sinn kommt.»[31] Die Umgangssprache drückt dies so aus: «Ich bin ganz Ohr», «ich bin ganz Auge».

Geht also das Gehen? Die Tranceerfahrung mag so sein. Oder auch so: «Die Beine gehen.» Nicht: «Das Tanzen tanzt», sondern «der Tanz tanzt.» Ein Teil-Selbst, das Bein-Selbst, oder eine prägende Bewegungsform, der Rhythmus, werden als das Subjekt des Gehens, des Tanzens erlebt. In der Trance endet die Illusion des einen Ursache-Ichs. Das «Ich als Ursache» ist eine weitere Bedeutung des alltäglichen Ichgefühls. «Cäsar baute eine Brücke»: Er rührte keinen Stein an, die Arbeit taten seine Soldaten. Nehmen wir den Fall, daß die Selbstzentren untereinander zerstritten sind. Dann ist das scheinbar eine Ich, das seine Aktivitäten verursacht, nicht viel mehr als ein Regierungssprecher, der eine einheitliche Regierung vortäuscht, während die Koalitionskonflikte in Wahrheit ungelöst sind. Stellen wir uns kooperierende Selbstzentren vor, etwa den Hunger oder den Verstand. Ich schreibe ein Buch, werde hungrig, das stört. So entschließen «wir» uns, einkaufen zu gehen. Der Magen will essen, der Verstand ungestört weiterarbeiten, die Beine sind froh, Auslauf zu haben, so gehen «wir» einkaufen. Statt «Ich tue dies» sollten wir immer eher «Wir tun dies» sagen. Jede Tätigkeit entstammt einer Kooperation verschiedener Selbstzentren. Sie haben aneinander teil, sind «vernetzt». Sind die Beine träge, muß auch die Trägheit mitgehen. Ist sie sehr groß, stolpern wir, wie die Regierungen. Wer zwingt die Trägheit? Das Ich? Nicht eher der Hunger, das aktive Selbst? Was wäre das sogenannte Ich, das zwingt, ohne das aktive Selbst, das einfach – ohne daß wir genau wissen wie – in Tätigkeit übergeht? Nicht das Ich, die Selbstzentren, diese «autonomen Komplexe» und «Quasi-Persönlichkeiten» (Jung), haben die Urheberrechte für unsere Tätigkeiten. «Wen Selbstbewußtsein töricht macht, der denkt: Ich bin der Täter, ich!»[32]

Das ängstliche Leistungs-Ich hält die Selbstzentren für Angreifer. «Wo käme ich da hin? Mein Zorn könnte mich überschwemmen, meine Beine streiken. Ich brauche ein Ich. Ich zerfalle, wenn ich mich auf dieses Denken einlasse.» In der konstruktiven Trance aber sind die Selbstzentren Verbündete.

Vergleichen wir: «Ich träumte heute nacht von einem Tiger, der mich ansprang; als ich erwachte, stand ich auf und ging zu meinem großen Schrank; ich öffnete ihn vorsichtig, um sicher zu sein, daß der Tiger sich dort nicht noch versteckt hielt.» Und: «Ein Traum erschreckte mich heute nacht, in dem mich ein Tiger ansprang; als dann das Erwachen mich von ihm befreit und aus dem Bett getrieben hatte, führten mich meine Angst und meine Beine zu meinem großen Schrank; meine Hände öffneten vorsichtig die Tür; ein Blick gab mir Gewißheit, daß der Tiger sich nicht in ihm versteckt hielt.» Im ersten Satz finden wir das fiktive Ich, das eintönige Subjekt des Träumens, Erwachens usw. Im zweiten Satz bewegt sich eine Subjektegemeinschaft: Traum, Erwachen, Blick usw. Das Ich ist nicht das Bestimmende, sondern das Bestimmte, erschreckt vom Traum, geführt von der Angst, unterrichtet vom Blick. Stellen wir uns vor, wir sprächen ausschließlich die Sprache des zweiten Satzes. Wie anders würden wir in unserem Selbst wohnen, zusammen mit Bruder Blick und Schwester Angst – selbst ein Bruder, eine

Schwester, nicht mehr das immer sich abhebende, einsame Ich.

In einem solchen Erlebnissystem wäre das Ich ein «Mir»: «Mir träumt», «mir wird ganz anders», «mein Gefühl sagt mir», «mir entringt sich ein Schrei», «mein Vater ruft sich mir in Erinnerung». Das Ich wäre ein «Mich»: «Ein Gedanke fliegt mich an», «mein Instinkt lenkt mich», «ich höre mich schreien», «meine Neugier führt mich zu dir». Eigentlich müßte es heißen: «Unsere Neugier führt uns – den Kopf, die Beine, die Furcht, – zu dir.» Es sei denn, «mich» – bzw. «ich» – ist ein Kurzwort für die Ganzheit der Selbste. (In dieser Bedeutung wird das Wort «Ich» im folgenden auch beibehalten werden.)

In einer Selbst-Sprache wäre jedes Teil-Selbst bald Mir, bald Mich, bald Ich («Ich, der Hunger»). Das Teil-Selbst erscheint manchmal ein wenig als äußeres Selbst. Ich erwachte einmal aus einem Mittagsschlaf, sah meinen Arm und hatte das Gefühl: «Da liegt ja mein lieber Arm». Er war in freundlicher Weise ein wenig von mir getrennt, etwa so wie «Da liegt ja mein Teddybär».

«Meine Beine schieben mich den Berg hinauf.» Ich brauche es nicht selbst zu tun; sie tun es für mich. Die Kraft kann auch noch weiter zurückverlagert werden: «Eine große Schubkraft schiebt mich und meine Beine den Berg hinauf»; die Geschwindigkeit, die Linie, die meine Schritte nehmen, regeln sich von selbst. Die Trancetherapeuten führen die Klienten gern mit dem Experiment der Armlevitation – der Arm («Häng ihn an einen Luftballon!») hebt sich von selbst – in die autonome Bewegung und Tätigkeit des Selbst ein. In einem Selbstsystem wird das Leben leichter, spielerischer. «Ich spiele mich», sagt die bayerische Sprache. «Ich arbeite nicht, ich beschäftige mich», antwortete mir ein elsässischer Wirt, den ich fragte, wieviel er arbeite. Er beschäftigte – ohne «anzuschaffen» – seine Lebenszentren.

Die Sprachforschung unterrichtet uns darüber, daß es Sprachen in der Leideform gibt, etwa das indianische Dakota. Es kennt das Subjekt-Pronomen (Ich) kaum, fast nur das Objekt-Pronomen (Mich). Statt «Ich wende mich um» sagt es «Meine innere Kraft wendet mich um». Es besteht in der Masse der Wortstämme zudem aus Zustandswörtern – wie «ein Schreien sein» –, nicht aus Handlungsverben.[33] Aufgehen in Zuständlichkeiten, empfangene Einstellung gegenüber dem Teil-Selbst, auch dem Außen-Selbst: Das ist eine weibliche Sprachstruktur, eine Teilhabesprache.

Entsprechend erfährt der Grieche der Ilias sein Tun als Tun der Götter in und an ihm. «Zu Beginn des Entscheidungskampfes zwischen Achill und Hektor, der die ganze Kriegshandlung des Ilias beendet, sagt Achill in dem ganzen Stolz seiner Heldenkraft nicht: ‹Jetzt gibt es für dich kein Entrinnen mehr, denn alsbald wird mein Speer dich zu Tode treffen›, sondern ‹alsbald wird dich Pallas Athene mit meinem Speer überwältigen!› (Ilias 22,270). Kurz vorher (V. 214) war diese Göttin selbst dem Achill erschienen und hatte mit dem bedeutungsvollen ‹wir› gesagt: jetzt werden wir den Hektor überwältigen und großen Ruhm ernten!»[34] Auch der entmythologisierte Mensch kann eine Revolution seines Erfahrungssystems einleiten, wenn er – um ein ganz kleines Beispiel zu geben –, anstatt seine Finger zum Exerzieren aufs Klavier zu befehlen, sein Können, seine Freude am Klavierspiel, seine Liebe zu Bach zu ihnen sagen läßt: «Jetzt wollen wir Klavier spielen.» Sie spielen dann für ihn, er hört ihnen zu.

Es gibt eine andere Redewendung: «Es spielt», «es schreit», «es schießt»[35], «es atmet mich», «es träumte mir», «es tut sich alles von allein». «In Asien darfst du nichts wollen, dann geht alles gut», sagte mir ein Freund. Auch die Selbsterfahrungsform «Es» ist ein Element der Teilhabesprache. Klingt «Es» aber nicht nach Trieb oder nach Maschinenhaftigkeit? Hier ist nicht vom Triebsystem, dem Es Freuds die Rede. «Es» bezeichnet eine Form, in der die Aktivität erfahren werden kann; das Ich ist aus ihr gestrichen. Das freundliche, tragende Es hat jedoch in der Tat eine unfreundliche Variante, das maschinenhafte Es. «Es ist ein fremder Arm, der sich da bewegt, ich habe nichts mit ihm zu tun.» Ein Kinderarzt: «In einem Notfall – ein Kind ist am Ersticken – handle ich vollautomatisch.» Dann erschrickt er und fährt fort: «Was gibt mir die Gewähr, daß ich die ‹Grausamkeiten›, die bei einer Notfallbehandlung manchmal nötig sind, nicht auch einmal zur Tötung eines Kindes verwende?» Er fürchtete die Tötungsmaschine in sich. Ein Meditierender: «Manchmal komme ich in Zustände, da weiß ich nicht mehr, wie es geht, die Augen aufzumachen oder mich zu bewegen. Das ist unangenehm.» Es geht nichts mehr. Er ist dinghaft dem Stillstehen der Motorik unterworfen, wie ein Mörder der Tötungsmaschine. Auch Drogen können in schlechte Es-Zustände bringen. Ein Mann, der Kokain nimmt, sagt: «Dies ist die einzige Form, mich ganz gehen und fallen zu lassen, ohne bei Blockierungen haltzumachen. Aber um den Preis der Demütigung, nicht aussteigen zu können.» Aus der konstruktiven Trance dagegen können wir immer aussteigen. Sie behält auch die Übersicht. Kein Teil-Selbst beginnt zu streunen. Sie verbindet unsere Aktivitäten mit der Erfahrungsform des Fließens, des Getragenseins. Deren Abstammung aus einem autonomen physiologischen oder psychischen Zentrum allein genügt nicht dazu, sie zu einem freundlichen Es zu machen.

Gibt es aber nicht auch einen Fortschritt von diesem Es zum Ich? Sicherlich. Hören wir eine Patientin: «Ich kann jetzt ansatzweise aktiv denken, bisher war mein Denken rein intuitiv-passiv, teilweise fast medial, ich wurde gedacht und hatte kaum Einfluß darauf. Ich nehme jetzt wahr, was ich tue und kann mich dafür entscheiden, statt mich über das, was entstanden ist, zu wundern, ohne zu wissen, wie es dazu kam.» Das aktive Entscheidungs-Selbst ist eine Errungenschaft, ebenso wie das Ganzheits-Ich. Das Leistungs-Ich aber mit seinem Allmachtsglauben, seinen Besitz- und Unterordnungsverhältnissen verzerrt sie. Das Teilhabe-Ich setzt sich aus Selbstelementen zusammen, die miteinander reden, miteinander entscheiden und dann miteinander ursächlich werden.

Eine ideale Sprache wäre eine Ich-Es-Mir-Sprache. Sie würde nicht nur sagen «Ich gehe», nicht nur «Es geht», sondern «Ich-gehe-es-geht.» Oder «Ich-gehe-werde-gegangen nachhause», «Ich-schreibe-mir-wird-geschrieben ein Buch.» Man müßte eine Verbform erfinden, die weder nur aktiv noch nur rezeptiv ist, sondern eine Zwischenform, ein rezeptiv–und–aktiv zugleich ausdrückt. Wenn wir an Sätze denken wie «Ich regenerierte mich», scheint eine solche Sprache besonders notwendig. Solche Sätze sind sprachliche Grobheiten. «Ich regenerierte mich» genau wie «ich kämmte mich»: als könnte man sich regenerieren wie man sich kämmt.

Die Naturvorbilder der autonomen Selbstzentren sind der Atem, der Schlaf, die Erektion, die Ausscheidungsvorgänge. Sie sind Modelle selbstgetragener Aktivität. Es atmet – es sei denn, eine Droge, ein übergroßer Schreck lähmen das Atemzentrum und zwingen das Ich dazu, das Atmen zu übernehmen. Den Schlaf können wir nicht machen, wir müssen uns dem Strom der Müdigkeit überlassen, um einzuschlafen. Wer einschlafen will, schläft nicht ein. «Ich erigiere», «ich erigiere den Penis»: Nein, er erigiert sich, wächst aus dem Körper, bewegt von der Liebe zu einem anderen. Nur das Leistungs-Ich hat eine manipulierte Erektion. In den sogenannten Ausscheidungsvorgängen schließlich haben wir ein naturwüchsiges Modell müheloser Produktivität. «Sogenannt», denn das Wort entstammt dem Ekel, der Urin und Kot nur eliminieren will. Das Kind erfährt ihr Fließen als «mächtig», wie der Primitive den Kot. Eine genaue Beschreibung könnte an jeder der genannten Aktivitäten Besonderheiten des Fließens finden und ein – je verschieden gefärbtes – Ich nach ihrem Vorbild entwerfen.

In der Psychotherapie versuchen wir, dem Patienten dabei zu helfen, zur Teilhabe an seinen Selbstzentren überzugehen. Er sagt etwa: «Ich ärgere mich, ich weiß nicht, worüber, und es ist mir unangenehm.» Wir antworten ihm: «Lassen Sie ihren Ärger laufen, dann sehen Sie schon, wohin er läuft und was er Ihnen Ärgerliches zeigt.» Wir behandeln den Ärger als relativ autonome innere Figur. Wir sagen dem Patienten: «Du kannst Vertrauen zu ihr haben, sie handelt zu Deinem Vorteil, sie weiß mehr als Du.» Wir verwenden Identifikationsformeln: «Sei Dein Kopfweh, laß es reden.» «Sei Dein Vater, Dein Gewissen, Deine Sexualität. Sei Bruder Problem, Schwester Verzweiflung.» Die Teilhabe an den aktiven Zentren setzt voraus, daß Mißtrauen, Verfolgungswahn, Kontrollzwang gegen sie abgebaut werden. Dann nähert sich der Patient an Selbstteile an, die unbewußt oder zwar bewußt sind, aber als ichfremd erlebt werden. Eine Patientin: «Mein Kopf zittert, das hindert mich daran, zu mir zu kommen. Das Zittern fühlt sich fremd, gewalttätig an.» Ich: «Wollen Sie nicht ein wenig in seine Haut schlüpfen? Mitzittern?» Sie: «Ich will, daß es weggeht. Ich kann es aber nicht wegschaffen. Es läßt sich einfach nicht kontrollieren.» Ich: «Es trotzt Ihnen und Sie ihm.» Die Patientin schließlich: «Mein zitternder Kopf ist wie ein kleiner Mensch, der vor einer verschlossenen Burg steht. Ich bin aber doch gar keine Burg.» Dann akzeptiert sie jedoch die Aussage ihres «kleinen Menschen» und sagt traurig: «Jetzt sind die Verhältnisse wenigstens klar.» Man könnte die Methode der Identifikation auch eine Methode der Vermenschlichung nennen. Wir stecken voller «kleiner Menschen».

Weltnähe

Ein Element des alltäglichen Ichsagens ist die harte Identifikationsabsage an die Welt. «Ich bin» heißt: «Ich bin nicht die Welt.» Dies gilt der Feindwelt, stammt aber auch aus dem Schlechtigkeitsgefühl: «Ich kann mich der Welt nicht zumuten.» Für das teilhabende Bewußtsein dagegen sind Ich und Welt nah beisammen. «An meiner Wimper hängt ein Stern, es ist so hell, wie soll ich schlafen?» (E. Lasker-Schüler). Dies ist eine typische Tranceerfahrung. In der Trance wird jene Absage an die Welt verringert oder aufgehoben. Der Stern wird Teil der Wimper, die Wimper Teil des Sterns. Dies ist auch die ursprüngliche Erfahrung des Kindes, des Primitiven, des Traums. Sieht das Kind einen Hund über die Felder laufen, läuft es selbst in ihm über die Felder. Es hat ein Hund-Ich, wie umgekehrt der Hund ein Ich-Hund ist. Im Traum mag ein bellender Hund mein «inneres Bellen» sein. Vieles, was dort erscheint, bin Ich.

Im Totemismus gab es Abstammungsmythen. «Ich stamme ab von der Turteltaube», «Ich stamme ab vom Panther.» Psychologisch stammt das Ich in der Tat vom anderen ab. «In Indonesien gibt es für die Seele des Menschen und diejenige des Reises nur ein Wort»[36]. Der Reis ist die Außenseele des Menschen. Stellen wir uns vor, es gäbe nur ein Wort für «Seele» und «Auto». Es kämen merkwürdige Sätze zustande wie: «Mein Auto ist betrübt», «Mein Auto hüpft fröhlich in meinem Leib». Oder: «Ich fahre mit meiner Seele mit hundert Stundenkilometern über die Autobahn», «Ich verkaufte meine Seele». Tatsächlich sagen wir ja: «Ich stehe dort unten» und meinen damit: «Mein Auto ist gleich dort unten geparkt.»

Auch das Leistungsbewußtsein hat seine Erlebnisse der Einheit. Während aber das teilhabende Bewußtsein diese liebt, haßt jenes sie. Ein Dingmensch mag sich bleiern mit dem Stuhl zusammengegossen fühlen, auf dem er sitzt, und glauben, er könne nicht mehr aufstehen. Er fühlt sich verschlungen, wie er – gegenverdinglichend – andere verschlingt, ohne dadurch genährt zu sein. Sein Besitzer bewohnt ihn, er denkt in ihm, redet aus ihm. Ich sagte einem Patienten, der sich über eine Fliege in meinem Zimmer übermäßig ärgerte: «Nehmen Sie sie als Teil von sich.» Er: «Sie bohrt sich in meinen Hinterkopf, der ein Ameisenhaufen ist.» Sein Hinterkopf wimmelte von Erinnerungen an Schläge seines Vaters, an Aufträge und Pflichten, die ihn dort verfolgten wie die Fliegengöttinnen, die Erynnien.

Es gibt Menschen, die das sogenannte schlechte Wetter nicht kennen und sich sogar mit dem Regen eins fühlen. «Es regnet» heißt dann immer auch ein wenig «Ich regne». Suchen wir ein gelehrtes Wort für das Regensein. «Pluvia», der Regen. Ist ein Mensch der Regen, so wird er pluvialisiert. Wird nicht der Regen anthropomorphisiert? Es gibt Erd- und Feuermännchen, so auch Regenmännchen. Es gibt beide Akzentsetzungen: die Menschwerdung des Regens, die Regenwerdung des Menschen. Um dieser Einheitserfahrung gerecht zu werden, müßten wir ein Wort erfinden, das auf einen Schlag sagt: «Es-ich-regne(t).» Wenn es-regnet-ich-regne und ich zugleich gehe, können wir dann auch sagen «Das Gehen regnet»? Ein ganz klein wenig ja. Auch «Der Regen geht»? Ein ganz klein wenig ja.

Die Weltnähe kennt neben der Einheitserfahrung die Erfahrung des Ichs, das sich rezeptiv zur Welt verhält, während diese der aktive Teil ist. Es ließe sich eine Sprache denken, in der Sätze wie «Ich gehe auf dem Boden» Gelächter erregen würden. Sie würde nur Sätze zulassen wie «Der Boden läuft unter mir dahin», «Die Berge ziehen an mir vorbei», «Ein Baum tritt in meine Augen». Wir finden hier wieder das Mir und Mich statt des Ichs. «Der Gipfel zieht mich den Berg hinauf»: Dies ist eine ebenso angemessene

Beschreibung wie «Ich gehe zum Gipfel hinauf». Wir sind gewohnt, Sätze jener Art poetisch, dieser Art realistisch zu nennen. Ist aber das Gehen teilhabend, so ist jener Satz der allein realistische.

Vergessen wir nicht, daß es, wie es einen Fortschritt vom Es zum Ich gibt, so auch einen Fortschritt vom Ich, das die Welt «ist», zum abgegrenzten Ich. Eine Patientin: «Ich beginne, andere Menschen bewußt in ihrer Andersartigkeit wahrzunehmen, und ich fühle, in welchem Maß ich bisher innerlich mit ihnen identifiziert war und nur ihre Gefühle fühlte. Ich habe das Gefühl, auch die gegenständliche Welt zum ersten Mal bewußt wahrzunehmen, einerseits distanzierter, andererseits intensiver, lebendiger, ich kann Schönheit wieder fühlen.» Das nur in der Welt ertrunkene Ich erreicht nicht ihre volle Gegenwärtigkeit. Abgrenzung ermöglicht polare Teilhabe. Sie ist die Gegenbedingung zur Identifikation für das volle Wirklichkeitserlebnis. Aber die Abgrenzung des teilhabenden Ichs vollzieht sich auf dem Boden einer vorgängigen Identifikation mit der Welt.

Für die polare wie für die Einheitstrance wird der Ausschnitt der Welt, dem das Ich nahe ist, für es zur ganzen Welt. Die Verliebten sagen zueinander: «Du bist die Welt für mich.» Ob wir «ganz hingegeben» tanzen, Schach spielen, diskutieren, immer ist die jeweilige Welt *die* Welt. Die restliche Welt wird ausgeblendet. Taucht sie wieder auf, so erscheint sie «wie neu».

Es gehört zur Trance, daß ihre konkrete Welt in eine feine diffuse Fülle eingezeichnet ist, wie umgekehrt für das Leistungs-Ich alles in eine Leere. Alle Einzelheiten, auch das Ich selbst, erscheinen als Attribute der Fülle des Stroms. Dies kann vage, aber auch deutlich bewußt sein. Es ist ähnlich wie mit den Gestalten von Bäumen, die sich in einem See spiegeln, in dem ich stehe. Ich kann die Aufmerksamkeit auf die Bilder richten, bewege ich mich nicht, und ist der See ganz ruhig, so kann ich ihn über ihrer Klarheit beinahe vergessen. Ich kann auch im Wasser rühren und die Gestalten umherwirbeln lassen, die Aufmerksamkeit also auf jenes, das diese trägt, richten. Über dieses Verhältnis von Element zu Gestalt bald mehr.

Traumatische und hysterische Trance

Kommen wir zu den negativen Trancephänomenen. Sie scheinen zwei Tranceformen anzugehören: der traumatischen und der hysterischen Trance. Während die gute Trance Ichelemente konstruktiv vermindert, zerfallen sie in der traumatischen Trance destruktiv. So werden die Autonomie der Person, ihre Ursächlichkeit, die Kontrolle des Ganzen über die Teilzentren, der Außenkontakt in ichfressender Weise angegriffen. Im teilhabenden Bewußtsein mag etwa ein übermäßiger Verlust der Ichgrenzen nach innen oder nach außen, ein Überschwemmtwerden auftreten. Die traumatische Trance des Leistungsbewußtseins entsteht durch ein übermäßiges Aufgehen in den Elementen, die diesem Bewußtsein ohnehin nur ein reduziertes Dasein erlauben: in der Dinglichkeit, der Beziehungslosigkeit, der Leere. In der Unterwerfungstrance ordnet der Dingmensch seinen Lebenswillen bis zur Erstarrung demjenigen seines Besitzers unter. Denken wir auch an die alltägliche, unauffällige Schreckensstarre gegenüber Raketen oder Umweltzerstörung.

Das Gegenstück zur Unterwerfungstrance ist die Gegenverdinglichungstrance, etwa ein wütendes sich Hineinfressen in Dinge, die Trance des Mörders. Sie gehört jedoch der Trance an, die Teilhabe imitiert oder verzerrt, obgleich sie den Sadisten, der über sich selbst erschrickt, auch traumatisiert.

Die gute Trance zentriert, das Ich findet ein Zentrum in einem Selbst- oder einem Außenzentrum. Es ist stark in seinem Zorn, verliert sich an ihn, um sich zu finden. In der traumatischen Trance verliert es sich, ohne sich zu finden, es ist «nicht bei sich», identifiziert sich etwa, wie Kohlhaas, bis zum sozialen und physischen Untergang mit einem Affekt.

Die hysterische Trance imitiert Teilhabe. Das teilhabende Ich spielt Partizipation durch eine hysterische Zutat hoch; das Leistungs-Ich spielt Nähe zu sich und zur Welt. Denken wir an religiöse oder Therapie-, an Schlager-, Alkohol-, Sexual-, Geschwindigkeitshysterie, an die Autozärtlichkeit. In der Fußballhysterie, der hysterischen Religion der kickenden Götter – in einem Fußballstadion herrscht mehr Frömmigkeit als in den Kirchen, wurde mit Recht gesagt –, hebt sich der narzißtische Pegelstand der Fußballnation enorm, wenn die eigene Mannschaft siegt, aber das ist nur Schaum. Diese Beispiele gelten freilich mit der Einschränkung, daß die Einstellung entscheidet. Auch in der Disko ist echte Partizipation möglich. Ob hysterisch, ob echt, ist aus dem Inhalt allein nicht ablesbar. Ein Patient hatte einen Flugtraum. Er fragte: «War ich wirklich geborgen oder high?» Das genau ist der Unterschied zwischen echter und hysterischer Trance. Die hysterische Trance wehrt of Leere ab. So narkotisieren modische Identifikationen mit wechselnden Vorbildern Identitätsleere.

Der hysterische Charakter ist von Haus aus tranceförmiger als andere Charaktere. Er ist immer ein wenig trunken: liebes-, tränen-, angst-, haßtrunken, manchmal auch karitativ berauscht. Ist die Hysterie «gutartig», liegt echte Teilhabe, also eigentlich keine Hysterie vor. Ist sie es nicht, so herrschen statt wirklicher Gefühle nur Gefühlshalluzinationen. Ich hatte Gelegenheit, an einer Übung des Wirbeltanzes (Sufis tanzen ihn) teilzunehmen. Es war genau zu sehen, wen der Tanz wirbelte, wer ängstlich tanzte, besorgt, nicht hinzufallen, und wer mit der typischen hysterischen Expressivität das Gewirbeltwerden nur mimte. Mit dem schauspielerischen Charakter der hysterischen Gefühle ist ihr plötzliches Umschlagen, oder, wenn sie stabiler sind, ihr dauerndes Schillern verbunden. Man weiß nicht so recht, wen man vor sich hat. Manchmal scheinen die Gefühle mehr ihr Gegenteil als sich selbst darzustellen. Sofern sie funktionell sind, von einer bewußten oder unbewußten Absicht hervorgetrieben, gehören sie in spezieller Weise dem Leistungsbewußtsein an. Es gibt Menschen, die eine jahre-, ja beinahe lebenslängliche hysterische Angstrance produzieren, dennoch «nehmen wir ihnen» die Angst «nicht ab». Sie hat einen Zweck, einen Adressaten: einen anderen, dem unbedingt notwendige Hilfeleistung suggeriert, oder die eigene Person, die dazu überredet werden soll, sich für klein und hilflos zu halten.

IV
ELEMENTARFELDER

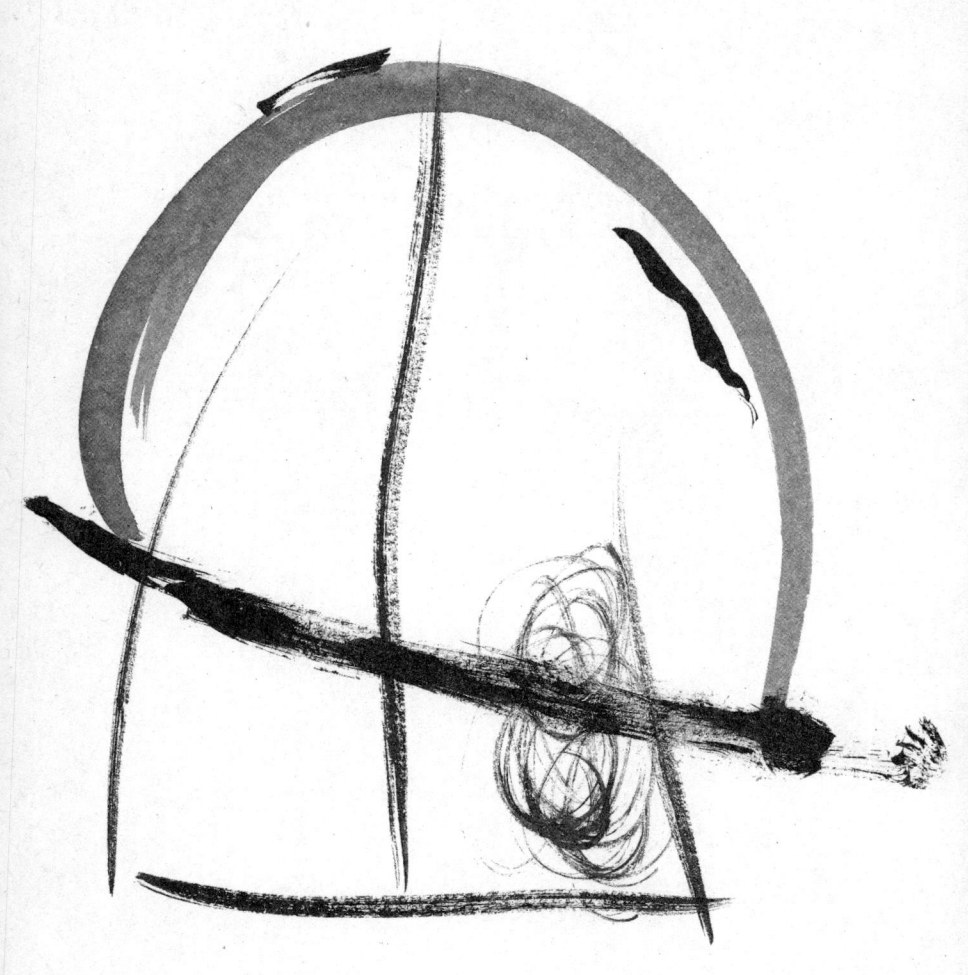

Gute Leere

Der erste Träger der Teilhabe und der Trance ist die gute Leere. «Ich habe ein Bedürfnis nach Leere. Dann fliegen mir die Dinge zu.» «Ich muß manchmal ganz formlos sein. Das macht mich wieder flüssig, wenn ich ins Stocken geraten bin». «Wenn ich eine Sorge, ein Problem habe, nicht weiter weiß, gehe ich in die Leere. Das macht mich weit. Irgend etwas geschieht dann.» Wir haben ein Bedürfnis nach Ungegenständlichkeit, nach «Weltverlorenheit», Ichverlorenheit. Wir suchen sie im Blau des Himmels, in der Nacht, in der Leere des Orgasmus, im wohligen Einerlei des Rauschs; hochstehend, tiefstehend, rhythmisch, arhythmisch. Die Leere ist das ozeanische Gefühl, die erste Bewußtseinsmatrix. Eine frühere gibt es nicht. Dieses Gefühl muß immer dasein als ein Strukurelement unseres Bewußtseins. Die unpersönliche, gestaltlose, gesichtslose Mutter empfängt und gebiert uns immer. Täglich «kommen wir» aus dieser Welt-vor-der-Welt «auf die Welt». Was Mythen sagen, gilt täglich: daß die Welt aus einer Urnacht, einem Urmeer, das Weltelternpaar aus einem ursprünglichen All-Eins hervorgegangen sei; es gilt auch, was der mystische Glaube sagt: daß eine gestaltlose Energie am Grund aller Gestalten liegt. Wenn wir nicht immer wieder, dies ist das Ideal, in die unzerstörbare, grenzenlose Fülle-Leere ausfließen, die uns ohne Vorbehalte und Forderungen aufnimmt, kommen wir «aufs Trockene». Sie erhält uns flüssig. Die Physik sagt: Die Materie ist gefrorene Energie, ist Masse gewordenes Licht. Dies ist eine Analogie.

Die Leere ist nicht notwendig etwas «an sich», in das die «Dinge an sich» eingelagert sind, so wie die Naturwissenschaft, wenn sie auf dem Standpunkt des Realismus denkt, das Licht als etwas «an sich» begreift. «In der ozeanischen Leere existiert alles» heißt: Die Tatsachen unserer Welt, die optischen, akustischen, immer emotional mitgestalteten Gegebenheiten, die «unsere Tat» sind, sind nur vor dem Hintergrund dieses Bewußtseinselements fest und stabil da.

Wir können die Leere mit einer Leinwand vergleichen, auf der das Ich und die Welt erscheinen müßten, einer Wirklichkeitsleinwand. Es gibt Menschen, deren Sinne intakt sind, die sich ordnungsgemäß orientieren und bewegen, aber sie leben «wie im Traum», «wie in einem Film», unwirklich, sie strecken sich nach etwas Wirklichem, wie Tantalus nach dem Wasser, aber immer entzieht es sich ihnen. «Der Apfel in meiner Hand könnte sich in nichts auflösen, wenn ich hineinbeiße, und ich würde lächerlich dastehen.» Hier ist die Leinwand rissig, schlecht. Statt der guten Leere steht im Hintergrund die schlechte.

Wir finden sie in der Angst. Was ängstigt uns, wenn wir Angst haben? Ein unbestimmtes, schrankenloses Nichts von aggressiver Allgegenwärtigkeit. In diesem Nichts vergeht alles: «Ich vergehe vor Angst», «die Welt versinkt in der Angst», «die Angst streicht alles durch, frißt alles auf». Nichts «Weltliches» trägt, an dem ich mich halten könnte. Jenes Nichts ist die negative «ozeanische Mutter». Die Angst ist nicht an ein bestimmtes Objekt gebunden, wie die Furcht; das Wovor der Angst ist an sich ungegenständlich. Wie die positive Leere das Ich, den Körper, die Welt wirklich macht, so macht die negative Leere alles unwirklich. Ist sie der Hintergrund, so erscheinen alle Weltgestalten als Abwandlungen des Nichts. Wir realisieren immer nur «nichts». Die negative Leere braucht freilich ein Minimum an positiver hinter sich, sonst würde sie den Menschen auslöschen.

Bekleidet mit Elementen

Das Bewußtsein der Leere ist kein leeres Bewußtsein. Ein absolut leeres Bewußtsein wäre ein Bewußtsein von nichts; damit wäre es kein Bewußtsein mehr oder nur Bewußtsein im Stand der Möglichkeit. Einem Leerebewußtsein kann aber die Eigenwahrnehmung fehlen. Wir sind öfters unbewußt, ohne etwas davon zu wissen, auf Leerefeldern. Der Schlaf etwa führt uns auf das Nachtfeld.

Die Leerefelder sind die verschiedenen Spielarten der Leere. Sie sind gestaltlos, wie die Nacht, die Luft oder die Stille. Alles Gestaltlose soll *Element* heißen; sein Gegenstück ist die *Gestalt:* ein Traum in der Nacht, ein Flugzeug in der Luft, ein Schrei in der Stille. Das Bewußtsein setzt sich aus Elementen und Gestalten zusammen. Nennen wir die Felder der Leere Elementarfelder: Felder aus Elementen, die zugleich die Urfelder des Bewußtseins sind. Alle Einzelheiten der inneren und äußeren Welt sind in sie eingelagert.

Die Elementarfelder sind Vertrauensfelder. «Vertrauen» meint ein umfassendes Lebensgefühl, das sich unbegrenzt aufs unbestimmte Ganze richtet. Es ist das emotionale Grundelement des Daseins. Zutrauen dagegen richtet sich auf Bestimmtes, einen Menschen etwa. Beide verhalten sich zueinander wie Furcht und Angst. Das Vertrauen macht die Elementarfelder tragend, zu Mutterfeldern. Sind sie nicht Materialisierungen des Vertrauens, bleiben sie unmütterlich.

Betreten wir ein Elementarfeld, verschmelzen wir mit ihm, beobachten wir dabei, was wir erleben. Um genaue Aussagen zu erhalten, wollen wir es idealisieren: kein Stern in der Nacht, kein Baum auf dem Schneefeld. In der Realität freilich sind Elementarfelder meistens nur in begrenzten Reinheitsgraden, manchmal nur angedeutet, gegeben. Fordert die Idealisierung, daß wir keinen Körper mehr haben? Teilhabe am Elementarfeld heißt ja ganz in ihm aufgehen, selber

Element werden. Unser Körper wird also auf dem Schneefeld körperlos weiß, auf dem Nachtfeld körperlos schwarz. Dann bleibt aber doch nichts von uns übrig. Wäre es nicht angemessener zu sagen: wir sind halb Schnee, halb Körper? So ist es, wenn wir nicht idealisieren. Wir können so formulieren: kein Körper, aber ein Körper im Hintergrund, kein Ich, aber ein Ich im Hintergrund, kein Du, aber ein Du im Hintergrund. Es ist möglich, zusammen auf ein Leerefeld zu gehen, wie wir dies im Orgasmus tun, und doch unweltlich all-ein zu sein. Der andere ist da, und doch eingeschmolzen in den Orgasmus. Eine Paradoxie.

Ein reines – das muß nicht heißen: das vollkommenste – Elementarfeld ist eine «Welt», die nur aus einer einzigen Qualität besteht. Sie ist einfach, gleichförmig. Nirgends grenzt sich Qualität von Qualität ab, nirgends stößt das Ich an die Welt, die Welt ans Ich. Wir sind «entmaterialisiert», gereinigt, der Schwere der Erde, des Leibes, des Ichs «enthoben». Wir sind schlichtes Dasein. Der Ichraum ist ganz aufgelöst. Kein Begehren, kein Begehrtes. Nichtdenken. Nichtwissen. Nichtwollen. Nichttun. Still die Betriebsamkeit der Überlebensapparatur. Kein Bewußtseinslärm. Fort die Qual der Meinungen. Bilderstille. Bewegungsstille. Entscheidungsstille. Bedürfnisstille. Wir sind ungequält von Gut und Böse, widerspruchslos, feindlos. Wir sind sicher, sorglos, arglos, schutzlos. Nichts, wovor wir uns schützen müßten. Keine Gegensätze, weder innen noch außen. Wir sind nackt. «Nackt» heißt nicht «ausgezogen», sondern «mit Elementen bekleidet», mit Licht, mit Luft, mit Dunkelheit. «Nackt» heißt auch: Wir haben unsere seelischen Kleider abgestreift. Kleider machen Leute, seelische Kleider machen Identitäten. Die Zufälligkeiten der Prägungen und Rollen sind verschwunden. Wir sind Niemand. Kein Ichraum, kein Menschenraum. Auch kein äußerer Raum? Es scheint: grenzenloser äußerer Raum. Aber schauen wir genau hin. Die körperlichen Dinge sind fort, mit ihnen auch der Raum. Er ist nur die imaginäre Verlängerung der Ausgedehntheit der Dinge «ins Unendliche». Leerer Raum haftet an ausgedehnten Dingen. Auch die Zeit ist weg. Nichts bewegt sich. Zeit ist aber Bewegung. Wir sind ein stehendes Jetzt. So nennen die Philosophen Gott. Das stehende Jetzt ist ein Gott des Menschen.

Manchen begegnen die Leerefelder als Repräsentanten Gottes. In Rilkes erster Duineser Elegie heißt es: «Nicht daß du Gottes ertrügest die Stimme, bei weitem. Aber das Wehende höre, die ununterbrochene Nachricht, die aus Stille sich bildet.» Andere sagen: «Leere ist Liebe» und meinen damit eine Liebe, die nicht allein dem menschlichen Raum entspringt. Aber Vertrauen, Liebe haben doch ihren Ursprung im menschlichen Raum. Auch das «Fruchtwasser», die gestaltlose Mutter gehören zu ihm. Ist der Gott der ozeanischen Ekstase also nicht der Mensch? Ist nicht das Elementarfeld vielleicht die einzige Form, wie der häßliche Mensch für den häßlichen Menschen Gott sein kann? Wer Gott ist, ob der Mensch, ob ein realer Gott, eine reale Göttin, darüber gibt es kein Wissen; jedenfalls nicht im alltäglichen Sinn des Wortes. Wenn wir an ein absolut Tragendes glauben, können wir die Elementarfelder als seine Vorstufen erleben, gleichgültig, ob wir erwarten, daß sie sich eines Tages mit einem realen Gott oder mit dem entfalteten Menschen erfüllen, der dann nicht mehr häßlich, sondern «des Menschen Gott» ist. Glauben wir nicht daran, sind die Mutterfelder Versprechen, die nicht gehalten werden. Ein möglicher Standpunkt ist: «Ich glaube an das absolut Tragende. Davon hängt meine Selbstachtung ab. Es allein wird mir gerecht, gibt mir ‹das Meine›. Ich bin mit diesem Glauben ‹im Recht›. Bestätigt die Realität ihn nicht, so setzt er sie ins Unrecht. Ich kann mein Recht niemals einklagen. Aber es sagt mir, daß ich mir nicht Wunschdenken vorhalten muß, wenn ich auf das endgültig Tragende hoffe.»

In Grofs Darstellung der ersten Bewußtseinsmatrix sagt die (typische) Versuchsperson, die Erfahrung undifferenzierter kosmischer Einheit «sei inhaltlos und doch allesenthaltend: alles und jedes, was sie sich nur denken kann, scheint darin eingeschlossen zu sein.»[37] Sind wir in der vorweltlichen Leere, so sind wir in dem, was alles trägt, in allem, hinter allem. Von der Leere überhaupt gilt, was Novalis von der Nacht sagt: «Sie trägt dich mütterlich und ihr verdankst du all deine Herrlichkeit. Du verflögst in dir selbst – in endlosen Raum zergingst du, wenn sie dich nicht hielte, dich nicht bände, daß du warm würdest und flammend die Welt zeugtest.»[38] Der Schlaf ist der Beilagerer der Nacht. Wie sie in allem ist, so auch er. Hören wir diesen Sachverhalt noch einmal in Novalis romantischer Sprache: «Ewig ist die Dauer des Schlafs. Heiliger Schlaf – beglücke zu selten nicht der Nacht Geweihte in diesem irdischen Tagewerk. Nur die Thoren verkennen dich und wissen von keinem Schlafe, als den Schatten, den du in jener Dämmerung der wahrhaften Nacht mitleidig auf uns wirfst. Sie fühlen dich nicht in der goldnen Flut der Trauben – in des Mandelbaums Wunderöl, und dem braunen Safte des Mohns. Sie wissen nicht, daß du es bist der des zarten Mädchens Busen umschwebt und zum Himmel den Schoß macht – ahnden nicht, daß aus alten Geschichten du himmelöffnend entgegentrittst und den Schlüssel trägst zu den Wohnungen der Seligen, unendlicher Geheimnisse schweigender Bote.»[39] Wie die Leere in allem ist, so auch die Formen der Verschmelzung mit ihr. Was vom Schlaf gilt, gilt von ihnen allen.

Das Mutterfeld als Transformationsareal

Eine der wichtigsten Eigenschaften der Elementarfelder ist: sie sind Transformationsareale, Felder, auf denen Strukturveränderungen stattfinden. Nichts ernstlich Neues entsteht ohne sie. Bevor Beispiele uns dies deutlich machen, einige allgemeine Bemerkungen dazu. Was wir Wirklichkeit nennen, ist ein Filterprodukt. Wir überleben mit Hilfe von Bedürfnis-, Gefühls-, Wahrnehmungs-, Phantasie-, Denk-, Erinnerungsfiltern. Sie sieben die innere und äußere Wirklichkeit, so daß gewöhnlich nur ein kleiner Mundvorrat Realität bleibt. Die Angst setzt die Filter, aber auch die Klugheit der Begrenzung. Zuviel Wirklichkeit können wir nicht ertragen, auch nicht zuviel Wechsel der Identitäten und Welten. Gewöhnlich richten wir uns in einer ein, lassen sie uns ungern erschüttern. Manchmal aber, in kleinem Umfang immer, sind Transformationen notwendig und wir suchen sie. Es sind dann die Elementarfelder, welche die Filter durchspülen, erweitern, verstopfte Durchgänge freiwerden lassen. Die leere Trance des Mutterfeldes geht hierauf in eine – mit neuen Erlebnissen, Strukturen – gefüllte Trance über. So ist es etwa in der Nacht. Auf ihrem dynamischen Feld entstehen die Träume, die uns ein wenig verändern. Weil, wie Freud sagte, die Zensur eingeschläfert ist? Nein. Die Zensur entsteht aus der Angst. Diese wird nicht nur betäubt, sondern real vermindert.

Es gibt einen hysterischen Gebrauch der Mutterfelder, die ihren dynamischen Charakter nicht aufkommen läßt. Eine Patientin schaut stundenlang auf einen Teppich, bis ein milchiger Nebel entsteht. «Dann gibt es mich und meine Probleme nicht mehr.» Dies ist ein reines Aussteigergefühl, die dynamische Verschmelzung mit den leeren Feldern dagegen ist ein Einsteigen. Auch die traumatische Wirkung von

Elementarfeldern verhindert, daß sich ihre Transformationskraft entfaltet. Es ist zum Beispiel möglich, daß ein Patient die Augen schließt und plötzlich Teile seines Gesichts nicht mehr spürt, oder es treten ichfressende Gefühle und Erinnerungen auf. Entweder ist dann das Augendunkel eine Form der negativen Leere, oder sie ist positiv, aber die Transformation fordert, daß traumatische Erlebnisse «herauseitern». Es braucht dann einen empathischen Anderen dafür, daß solche «Eiterungen» heilsam werden. Es mag auch sein, daß jemand zu lange auf einem Elementarfeld bleibt. Dann entstehen Mangelzustände. Jedem ist – jeweils jetzt – nur eine bestimmte Zeit gegeben, für die er die «Welt der vielen Dinge» fruchtbar verlassen kann. «Je länger, desto besser» ist hier oft falsch.

Warum nicht: alte Struktur, und dann unmittelbar die neue? Ist es nicht die Sackgasse der alten Struktur, die Not, die erfinderisch macht? Läßt sie nicht die neue Struktur, die unbewußt oder embryonal schon da ist, wirksam werden? Oder jemand verliebt sich, und etwas Neues entsteht. Braucht es die Vermittlung der Leere? – Erst muß die Tafel ausgewischt sein, dann wird sie neu beschrieben. Was die Philosophen suchten, die tabula rasa – die sie etwa durch den radikalen Zweifel an allen unseren Überzeugungen schufen –, auf der dann die Welt neu entstehen sollte, das hat das Ich in den Elementarfeldern. Jede Transformation von Strukturen erfordert Gewißheitserschütterung, Verwirrung, Entstrukturierung, Sturz von Ich- und Realitätsprothesen. Es nützt aber nichts, wenn dabei nur ein Strukturwrack übrigbleibt. «Alles ist ungewiß, alles ist schlecht», dies allein führt zu nichts. Neue Strukturen, die sich unbewußt schon bilden, können von der Angst ferngehalten werden. Das Ich, dessen alte Verfassung brüchig geworden ist, muß auf ein Feld des Vertrauens springen, auf dem es sich für sie öffnet. Es muß vertrauensvoll stillhalten, sich leer machen. Das LeistungsIch muß sich in ein leeres Vertrauen werfen, um teilhabend werden zu können. Das teilhabende Ich muß immer wieder in die dynamischen Felder eintauchen, um auf tiefere Teilhabeebenen zu gelangen. Nur dann sorgen die neuen Strukturen für sich selbst. Das Vertrauen ist aus ihnen allein nicht ableitbar. Sie sind zuerst unbekannt, Fremdland, erregen Furcht. Es muß sie – immer auch «blind» – ins Ich einlassen.

Der junge Indianer, der die Visionen sucht, die ihm seine Identität, sein Schutztier, seine soziale Stellung, seinen Beruf zeigen, die ihm sagen, ob er heterosexuell oder homosexuell ist, fährt wochenlang über den Schnee, starrt ins Wasser, um leer zu werden. Dies ist eine Methode der Austreibung seines Alltagsbewußtseins, der Reinigung, ein Fasten des Geistes. Zugleich aber der Weg eines Vertrauens, das nichts weiß, dem «Hören und Sehen» vergeht, damit ein neues Hören und Sehen entstehen kann. Ohne jenes wäre nur Zerfall. In der Psychotherapie gibt es die Sackgassensituation. Der Patient gerät an die absolute Wand seiner neurotischen Struktur. Dorthin, wo «die Welt mit Brettern vernagelt ist». Er weiß nichts mehr, er weiß noch nichts. Er darf jetzt nichts tun wollen, nicht grübeln. Er muß nur in leerem Vertrauen stehenbleiben. Dann zeigt sich das Neue, das ihn rettet. Auch in der Verliebtheit gibt es eine Strömung des noch ganz offenen Fließens ins Unbestimmte. Ihr überschießender Ausdruck ist: «Alles ist möglich.» Verliebtheit verflüssigt. Dann füllt sich ihre leere Trance mit Identitätserfahrungen, die ändern. Überall wird das Ich zuerst formlos, und dann werden neue Selbstzentren, neue Weltzentren aktiv.

Ist es aber nicht der Verzicht, der neue Strukturen bringt? Moralisch: Gib das Ego, gib Verblendung, Haß, Gier auf. Religiös: Übe Armut, Keuschheit, Gehorsam. Vital: Das Leben muß dir zeigen, daß bestimmte Vitalitätsebenen nicht tragen, so zwingt es dich zu neuen. Intellektuell: Denke an Koans, die den Verstand zum Stillstehen und zur Verzweiflung bringen. (Etwa: «Hört den Klang einer klatschenden

Hand!») Psychoanalytisch: Therapeut und Patient müssen Abstinenz üben. Hypnosetechnisch: Verzichte auf das Wandern des Blicks, konzentriere ihn auf eine Bleistiftspitze, dann fällst du in Trance. Physiologisch: Versage dir sinnliche Stimulation, faste, übe Methoden, die die Sauerstoffzufuhr drosseln, dann erhältst du ein neues Bewußtsein.

Verzichte sind machbar, Leistungen. Der Glaube an die Magie des Verzichts gehört dem Leistungsbewußtsein an. Der reine Verzicht erzeugt nur einen Mangelzustand; dieser ist aus sich allein nur Selbstquälerei. Das Leistungs-Ich will etwas verändern, ohne das zu ändern, was es als erstes aufgeben muß: das Leistungssystem. Die Leistungsreligion benützt den Verzicht zum Tausch. «Ich verzichte, ich quäle mir ‹Werke› ab, Gott, das Schicksal werden mir dafür eine Gegenleistung bringen.» Sogar der Verzicht auf «Werke» kann zur Leistung werden. «Schau, Herr, ich verzichte auf sie, dafür mußt du mir gnädig sein.» Gott läßt sich auf den Handel vermutlich nicht ein; so bleibt auch er nur eine Selbstquälerei. Es steht nicht besser um die reine Verzweiflung über erschöpfte Vitalitätsquellen, um eine Therapie, die ein zwischenmenschliches Entbehrungsexperiment ist, um den Bewegungsverzicht einer ehrgeizigen Sitzmeditation, die nur die Wirbelsäule schädigt, um aushungernde Körpertechnik. Ist etwa das Einschlafen nur ein Verzicht auf das Wachbewußtsein, nur etwas Negatives? Nein, wir müssen uns dem Dunkelfeld überlassen, das ist etwas Positives. Wer das Vertrauen dazu nicht hat, weil er etwa fürchtet, nicht mehr aufzuwachen, schläft nicht ein. Wenn wir aber etwas Grundlegendes verändern wollen, müssen wir das Wach- und Alltagsbewußtsein einschlafen lassen. Der auf einen Punkt fixierte Blick läßt einen Nebel entstehen, oder, wenn die Augen sich schließen, ebenfalls das Dunkelfeld; auf ihm werden Körper und Psyche plastisch für Neues. Ein noch leerer Teilhabeboden entsteht, auf dem dann etwas wächst.

Natürlich sind sachliche Leiden an überlebten Strukturen

Transformationsstachel. Auferlegte Leiden können durch gesuchte verstärkt werden, damit die Struktursackgasse spürbarer wird. Aber ein Teilhabeboden muß da sein. In Rilkes erster Duineser Elegie heißt es: «Wirf aus den Armen die Leere zu den Räumen hinzu, die wir atmen; vielleicht daß die Vögel die erweiterte Luft fühlen mit innigerm Flug.» Er spricht hier von der notwendigen Enttäuschung der Liebenden. Sie ist mit der «Leere» gemeint. Sie sollen sie in die Luft, «ins Element» werfen. Das Element ist da. Es wird reicher, indem wir ihm Überlebtes zur Einschmelzung überlassen. Die Luft des Vertrauens auf anderes erweitert sich so.

Schlaf

Sehen wir uns unter den verschiedenen Transformationsfeldern um. Neben dem Mutterleib ist der schon öfters erwähnte Schlaf ihr natürliches Vorbild. Beide verbindet eine Linie. Freud kennzeichnet die Mutterleibsexistenz als Vorbild des Schlafs. «Unser Verhältnis zur Welt, in die wir so ungern gekommen sind, scheint es mit sich zu bringen, daß wir sie nicht ohne Unterbrechung aushalten. Wir ziehen uns darum» – im Schlaf – «zeitweise in den vorweltlichen Zustand zurück, in die Mutterleibsexistenz also. Wir schaffen uns wenigstens ganz ähnliche Verhältnisse, wie sie damals bestanden: warm, dunkel und reizlos … Es sieht so aus, als hätte die Welt auch uns Erwachsene nicht ganz, nur zu zwei Dritteilen; zu einem Drittel sind wir überhaupt noch ungeboren. Jedes Erwachen am Morgen ist dann eine neue Geburt.»[40] Das Leistungsbewußtsein ist dem Mutterleibsdasein des Schlafs nicht immer freundlich gesonnen. Schlaf, wie wir ihn pflegen, sieben oder acht Stunden lang, ist ein Zeichen von Willensschwäche und Dummheit, eine Zeitverschwendung, ein lästiges Erbe aus der Zeit der Höhlenbewohner. Der

Feind des Schlafs, der sich so äußert, ist Thomas Edison, der neben vielem anderen die erste brauchbare elektrische Glühlampe konstruiert und mit dem elektrischen Licht die Erwartung verknüpft hat, es werde an unseren steinzeitlichen Schlafgewohnheiten einiges ändern.

Für Freud ist der Schlaf Erholung, erreicht durch eine unlusterzwungene Realitätsflucht, ein «Aussetzen des Interesses an der Welt», eine Regression in den «fötalen Ruhezustand». Aber in Wahrheit gibt es nichts Progressiveres als den Fötus. Und so reizarm ist der Mutterleib nicht. Der Fötus ist umgeben von äußeren Reizen und er wird vom genetischen Bauplan ständig zu Veränderungen stimuliert. Diese sind der Prototyp der teilhabenden Transformation. Der Fötus – auch die Mutter – sieht seiner Entwicklung gewissermaßen zu. Er entwickelt sich ohne Mühe, ohne Leistungsprinzip, ohne den Ich-Götzen. – Er hat schon einen Aktivitäts-Ruhe-Rhythmus. Sind nicht seine Ruhephasen das Vorbild des Schlafs, seine Aktivitätsphasen dasjenige des Wachens? Man kann es so sehen, aber auch das gesamte Fötaldasein als Schlafvorbild nehmen. Auch der Schlaf hat ja Phasen einer besonderen Aktivität der Träume. Diese wären dann die Parallele zu den aktiven Phasen des Ungeborenen. Wir wachsen seelisch in ihnen. Das Ich ist in ihnen seelisch progressiv. Schlaf ist nicht einfach Entspannung, sondern ein Transformationsboden.

Gehört aber das Umschalten vom Wach- ins Schlafbewußtsein nicht zur biologischen Urschicht des Menschen, ist es nicht ein physiologischer Regenerationsvorgang, an dem letztlich nichts seelisch Verstehbares ist? Natürlich ist der physiologische Aspekt da. Aber dennoch ist am Schlaf vieles zu verstehen. Wachen, Schlafen, das ist der – biochemisch mitgeregelte – Sonder- und Modellfall eines Rhythmusgesetzes des gesunden Ichs: Ichstrukturierung, Ichverdichtung, drohende Icherstarrung – und dann: Ichverflüssigung, Entkonditionierung, schließlich Ichveränderung. Der Schlaf gehört nicht nur zum Aktivitäts-Ruhe-Rhythmus, sondern

Schlaf und Traum – sie gehören innerlich zusammen – befriedigen auch das Rhythmusgesetz «Gestalt, Gestaltverflüssigung, Gestaltumformung».

In östlichen Philosophien gilt nicht, wie bei uns, das Wachen, sondern der Schlaf als der wahre Seinszustand des Menschen. Der chinesische Philosoph Tschuang Tse sagt: «Alles ist eins; im Schlaf ist die Seele ungestört und aufgenommen in diese Einheit; im Wachen hingegen ist sie abgelenkt und sieht die verschiedenen Gegebenheiten der Welt.» In den Upanishaden heißt es: Wenn der Mensch «schlafend keinen Wunsch wünscht und kein Traumgesicht sieht, dann ist das ein Zustand, in dem das Selbst sein Wunsch ist, seine Wünsche alle sich erfüllen und kein Wunsch vorhanden ist. Wie ein von einer liebenden Frau umfangener Mann kein Bewußtsein von draußen oder drinnen hat, so hat dieser in dem Körper wohnende Âtman, von dem erkennenden Âtman umfangen, kein Bewußtsein von draußen oder drinnen. Dieser Zustand liegt jenseits alles Verlangens, ist frei von Übel und Gefahr und kennt keine Sorge im Inneren. Darin ist der Vater nicht Vater, die Mutter nicht Mutter, die Welt nicht Welt, sind die Götter nicht Götter, die Opfer nicht Opfer.»[41] Der Mensch «ist nicht vom Guten berührt und nicht berührt vom Bösen; denn er hat alle Sorgen des Herzens überwunden.» Der traumlose Schlaf gilt hier mehr als der Traumschlaf, da wir in jenem im gestaltlosen Selbst sind. Daher stammt der japanische Wunsch «Süße Traumlosigkeit» statt «Träume süß» – vor dem Zubettgehen.

Es ist möglich, den traumlosen Schlaf in der Wertschätzung an die Spitze zu stellen. Es erscheint ebenso möglich, Schlaf und Traum als eine Einheit zu sehen und zu schätzen, in welcher das gestaltlose Selbst der Boden der von den Träumen gebrachten Veränderungen des Ichs ist. Es ist mit der Nacht gegeben, dem Ort des Schlafs. In der griechischen Mythologie ist die Nacht die Mutter des Schlafs und der

Träume, wie des Todes. Die Nacht ist das verflüssigende Element, das uns regelmäßig entstrukturiert; in ihm tauchen die Träume auf. Wir können die Nacht auch als Traumleinwand bezeichnen. Jemand erzählte mir, seine Träume hätten öfters einen schwarzen Rand. Mit «Nacht» ist natürlich nicht die äußere Nacht gemeint, sondern das Augendunkel, das es Nacht sein läßt, auch wenn draußen Tag ist. Zuerst schauen wir noch bewußt in die Nacht, dann, eingeschlafen, unbewußt.

Sagt aber die Schlafforschung nicht, daß auch der traumlose Tiefschlaf in Wahrheit nicht ohne Bilder und Gedanken ist? Zu einem hohen Prozentsatz finden sich solche in den Augenblicken, in denen Menschen aus dem Tiefschlaf geweckt werden; er erreicht aber nicht hundert Prozent. Gibt es also die reine Nachtleinwand? Sie muß nicht ganz leer sein. Die Nacht kann ihre entkonditionierende Wirkung haben, auch wenn die Gedankenmühle sich noch weiter dreht. Auch die Meditation schafft es oft nicht, alle Gedanken abzuhalten, und doch verändert ihre Leere. Außerdem schließen die Befunde die Möglichkeit nicht aus, daß es kurze Zeiten völliger mentaler Stille im Tiefschlaf gibt.

Traum

Der Traum verändert den Menschen? Sind Träume nicht Wunscherfüllungen, die den Zweck haben, den Schlaf zu behüten? Ich habe Hunger, ich esse im Traum; so muß ich nicht aufstehen und mir etwas zum Essen holen. Wo ist das Progressive? – Es ist grundsätzlich umgekehrt: Der Schlaf, die Nacht behüten den Traum. Freud war zu ausschließlich, als er sagte, alle Träume seien Wunscherfüllungsphantasien, zumindest Versuche dazu. Natürlich gibt es diese Traumform. Unsere Phantasie befriedigt ja auch tagsüber, in Wachträumen, Wünsche; dies gehört zu ihrem Repertoire. Viele der angeblichen Wunscherfüllungsträume aber sind in Wahrheit Identitätsentwürfe. Kierkegaard schreibt: «Träumend plant der Geist seine eigene Wirklichkeit.»[42] Ein Mädchen Ende zwanzig, das keine Frau werden will, träumt, es habe ein Kind geboren, und sagt: «Jetzt weiß ich, was es ist, ein Kind zu haben.» Träume wirken innovatorisch. Sie sind nicht nur Träumereien.

Der Traum hat jedoch noch andere progressive Züge. Er folgt den Regeln einer jeden Strukturveränderung. Sie läuft nach einem Dreitakt, ist ein Transformationswalzer. Der erste Schritt ist die Erledigung unerledigter Geschäfte unserer Vergangenheit. Der Traum hilft dazu. Eine Frau wird von einem Mann verlassen; das gibt ihr Abschiedsarbeit auf. Sie faßt sie geballt in einem Traum so zusammen, daß sie den Mann tötet. Hinterher fühlt sie sich nach einer Zeit der Suizidalität, der Niedergeschlagenheit und des Hasses wie neu. Solche Reinigungsträume sind oft sehr tiefgreifend. Der zweite Schritt: der Traum konfrontiert mit der Gegenwart. Er arbeitet ausgesprochen, oft penetrant konfrontativ. Er mutet uns Angst, Schmerz, Demütigungen unserer Größenvorstellungen von uns selbst zu, wir spüren tagsüber verdeckte Einsamkeit, erkennen infantile Fixierungen. Zum Beispiel läßt ein Traum eine Frau Mitte dreißig noch im Schlafzimmer ihrer Eltern schlafen. Die sogenannten Wunscherfüllungsträume sind oft konfrontative Träume. Ein Mann träumt, er habe das Papstexamen bestanden. Ist das nur eine lustvolle Phantasie und ein Schlafbehütungsmittel, das den Träumer davon dispensiert, aufzustehen und aufs Papstexamen zu lernen oder nach Rom zu wandern? Wird er nicht vielmehr mit seinen überzogenen Vorstellungen von sich selbst konfrontiert? Von der Psychotherapie werden Träume zu Erkenntniszwecken verwandt. Warum sollte nicht schon der Traum selbst aus einer Erkenntnisabsicht heraus geträumt werden? Der dritte Schritt, wir sprachen schon davon: Zukunftsentwürfe.

Geschieht aber all dies nicht nur, wenn wir eine Psychotherapie machen, die Träume verwendet? In der Tat wird hier die Wachstumspotenz des Traums besonders sichtbar und fruchtbar gemacht. Auch Freud verwendete ja die «Wunscherfüllungsträume» praktisch dazu, die Selbsterkenntnis seiner Patienten an ihnen wachsen zu lassen. Aber die Natur hat den Traum nicht nur für die Psychotherapie eingerichtet. Etwas von der Kraft, die er dort entfaltet, hat er ohne formelle Psychotherapie, als der innere Psychotherapeut, der immer in uns tätig ist. Der Traum ist ein psychisches Wachstumshormon, die Entsprechung zu den körperlichen Wachstumshormonen, die im frühen Tiefschlaf ausgeschüttet werden. Die Hauptmasse der Träume tut dabei ihre Arbeit unbewußt. Dies dient auch dem Schutz des Träumers. Von Menschen, die ungewöhnlich bewußt träumen, hören wir: «Es ist, als hätte ich nachts ein zweites Leben.» Sie erwachen angestrengt. Oft werfen Träume nur Stimmungen, bewußte oder unbewußte, an den Strand des Bewußtseins. Ein Hypnotherapeut, mit dem ich manchmal arbeite, erzählte mir eines Tages eine Geschichte vom Papageientaucher, dem Vogel, der unter Wasser fliegt. Aus der Trance erwacht, erinnerte ich mich an die Geschichte nicht, ich war auch abgetaucht, hatte aber das Körpergefühl, nicht im Stuhl, sondern auf Wasser zu liegen; und meine Hände fühlten sich schwimmfußartig, flossenartig an. Dies ist eine Analogie für die Wirkung von nach ihrem Inhalt unbewußt bleibenden Träumen. Wir kennen Traumstimmungen, die einen Tag färben, dürfen annehmen, daß sie auch dann, wenn sie nicht ins Bewußsein dringen, nicht wirkungslos sind.

Schlaf und Traum dienen dem Selbst, seiner Identitätsaufgabe, Identitätskorrekturen, Selbstkomplettierungen. Die «schlimmen» Träume haben dabei die Funktion des «Eiterns». Es ist wie in der Psychotherapie: Ängste, Trauer, Verzweiflung müssen spürbar werden. Es ist dem Schlaf, dem Traum im übrigen nicht vorzuwerfen, wenn sie nicht all-

mächtig sind. Die – dem Leistungsbewußtsein sich allnächt-
lich entgegensetzende – andere Lebensform, die sie sind, ist
nur ein Transformationsfeld, das ohne unsere bewußte Mit-
wirkung und ohne andere Veränderungsareale unzureichend
bleibt. Der Schlaf ist kein Mutterleib, der allein einen neuen
Menschen gebären könnte.

Die Träume der Primitiven

Die beiden extremen Meinungen über den Traum lauten:
Der Schläfer besuche im Traum die jenseitige, die
wirkliche Welt, aus welcher der Mensch stamme, in die er
nach dem Tod endgültig zurückkehre. Hieraus spricht größte
Hochachtung vor dem Traum. Äußerste Geringschätzung
hören wir aus der Meinung, Träume seien grundsätzlich
sinnlose Begleiterscheinungen von Gehirnprozessen. Zwischen diesen beiden Extremen liegt eine breite Skala von
Traumauffassungen. Primitive Kulturen haben dem Traum
eine hohe Lebensbedeutung eingeräumt. Diese Kulturen sind
menschheitsgeschichtlich gesehen keine exotischen Rander-
scheinungen, sondern machten den größten Teil der
Geschichte der Menschheit aus. «Die einzigen Gesellschaften, die reif sind, sind primitive Gesellschaften.»[43] Ihre
Traumnähe steht in einem Rahmenbewußtsein, aus dem wir
herausgefallen sind. Für es war das Bild – nicht der Begriff –
der grundsätzliche Zugang zur Wirklichkeit.

Jenseits des Psychotherapie-Reservats, in unserer Alltags-
welt, hat der Traum keine institutionalisierte Öffentlichkeits-
bedeutung im praktischen, pädagogischen, moralischen,
politischen oder religiösen Bereich. Wir sind hier eine traumlose Zivilisation und fallen damit, mit dem weltgeschichtli-
chen Blick der Menschheitsjahrtausende betrachtet, aus dem
Rahmen. Hören wir einige Beispiele für die Institution
«Traum» bei den Primitiven. Für sie ist die Traumwahrneh-

mung der Wachwahrnehmung gleichgeordnet, manchmal übergeordnet. Erscheint der verstorbene Vater im Traum, so war er wirklich da, oder die mit dem Atem ausfliegende Seele des Schläfers war wirklich bei ihm. Bei einem Stamm in Neu-Guinea mußte ein Träumer für unerlaubten Traumbeischlaf, mit der Frau seines Bruders etwa, Buße zahlen; zumindest sich ausschelten lassen. Dem liegt der Standpunkt zugrunde, daß wir für das, was wir im Traum tun, verantwortlich sind. Diese Verantwortlichkeit ist eine öffentliche. Die «Gesellschaft» reagiert auf Träume. Augustinus findet vor Gott für seine sündigen Träume die Entschuldigung: Ich habe es nicht getan; es ist nur in mir geschehen. Freud jedoch schreibt: «Selbstverständlich muß man sich für seine bösen Traumregungen verantwortlich halten.»[44] In einem Bericht von Jesuitenmissionaren des 17. Jahrhunderts über das Leben der Indianer lesen wir: «Wenn ein Häuptling auf der einen Seite befiehlt, und ein Traum auf der anderen, so kann der Häuptling schreien, bis ihm der Kopf platzt, dem Traume wird zuerst gehorcht.»[45] Stellen wir uns die Strapazen der Fraktionsführer und die politischen Auswirkungen eines solchen Traumgehorsams in unseren Parlamenten vor. Aus einem Bericht über einen afrikanischen Stamm hören wir: Wenn dort ein Mann «die Gunstbezeigungen eines jungen Mädchens erhalten will, genügt es, ihr zu erzählen, daß er sie im Traum bekommen hat; sie betrachtet es dann als eine große Sünde, sich ihm zu verweigern; denn es könnte ihr das Leben kosten.»[46] Die beiden letzten Beispiele illustrieren, daß der Primitive vom Traum kategorische Traumimperative empfängt. «Wenn das, was der Indianer im Traume gesehen hat, nicht realisiert wird, so muß er sterben», schreibt der Jesuitenbericht.[47] Kein Wunder also, daß der Traum «Die Gottheit der Wilden» war, in den Worten der Missionare, für die das natürlich ein Greuel gewesen ist, zumal ihre Bekehrungserfolge von der Zustimmung der Träume der Indianer abhängig waren. Der Traum war der Motor des inneren und äußeren Lebens der Indianer im gesamten amerikanischen Kontinent.[48]

Im Traumgehorsam der Primitiven ist eine frühe Kenntnis des Traums als eines Ortes wirksam, an dem die Bedürfnisse der Seele sich manifestieren. Die Seele, die im Traum spricht, ist in der Vorstellung der Primitiven nicht unsere Einzelseele. Sie hat vielmehr kollektiven Tiefgang, ist in mystischer Partizipation mit dem Totem, dem Schutzgeist, und mit den Ahnen verschmolzen. «Der Traum befiehlt» heißt: Der Gott, die Ahnen in mir befehlen. Der Traum ist eine Offenbarung der übernatürlichen Welt und «diese zu vernachlässigen, würde an Verrücktheit grenzen».[49]

Wir finden in der traumnahen Kultur der Indianer vielerlei psychologische Feinheiten. Sie kannten traumgelenkte «Karnevals», in denen sonst tabuisierte Bedürfnisse sich ausspielen konnten. Eine zentrale Rolle spielten Pubertätsträume oder -visionen, die dem Jugendlichen seine persönliche und soziale Identität anwiesen. Von Kindheit an bereiteten sich die Indianer auf solche Identitätsträume vor. Sie kannten ein Traumtraining, oder Visionstraining, zu dem Fasten, Selbstverstümmelung – um das Mitleid der Geister zu wecken –, hypnotisierendes Starren ins Wasser, äußerste Einsamkeit gehörten. Verglichen mit diesem Einsatz wirkt die Methode des freien Einfalls zum Traum auf der Couch gemütlich. Das Traumfasten übten die Indianer immer wieder in schwierigen Lebenslagen, um sich bei Träumen und Visionen Rat und Hilfe zu holen.

Träume spielten eine religiöse Rolle. Zum Beispiel erscheint ein Adlergeist im Traum, der gekränkt wurde, und fordert Wiedergutmachung, sie wird ihm dann in Zeremonien zuteil. Träume und Visionen hatten spirituelle Bedeutung; sie schenkten großartige kosmische Offenbarungen. Erinnern wir uns an dieser Stelle auch an die paläolithischen Höhlenmalereien. In den Gott-Tieren, Bisons, Pferden,

Mammuts, die, auf den vaginalen Höhlenhintergrund hinvisioniert, eine trancehafte Friedlichkeit ausstrahlen, sehen wir die frühesten uns erhaltenen spirituellen Groß-Träume der Menschheit.

Der Traum war für die Primitiven auch von praktischer Wichtigkeit. Noch einmal ein Missionarszitat über die Indianer: «Der Traum leitet oft ihre Versammlungen; der Handel, der Fischfang, die Jagd werden gewöhnlich nur mit seiner Einwilligung unternommen und sind beinah nur da, um ihn zufriedenzustellen.»[50] Will etwa ein Hurone auf die Jagd gehen, wartet er, bis er im Traum die Tiere sieht, die er erlegen will. Das ist kein billiges Jagdorakel, sondern folgt der alten Regel des sanften Jagens: Erlege nur das Tier, das zu dir kommt.

Zeremonien, Heilpraktiken, Gesänge, Tänze wurden zuerst geträumt und dann ins praktische und kulturelle Leben übernommen. In dem Film von Werner Herzog «Wo die grünen Ameisen träumen» sitzt eine kleine Gruppe australischer Ureinwohner Tag für Tag in einem Großmarkt. Sie hält Wache an der Stelle, wo vor seinem Bau ein besonderer Baum gestanden hatte. Er war ein Seelenplatz, wo Väter die Seelen von Kindern, die auf die Welt kommen wollten, im Traum holten, um sie ihren Müttern zu übergeben. Dieses Seelenholen und Zeugen im Traum galt als eine Zeugungsbedingung; dabei kannten die australischen Ureinwohner die natürlichen Zeugungsbedingungen durchaus.

Die Beispiele wären fortzusetzen durch Beispiele für die Wichtigkeit des Traums in vorchristlichen Hochkulturen, wie der babylonischen, ägyptischen, griechischen. Im christlichen Kulturbereich verlor sich diese Wichtigkeit. Schon im Alten Testament finden wir nach einer Reihe großartiger heilsgeschichtlich bedeutsamer Offenbarungsträume eine wachsende Traumkritik: «Narren verlassen sich auf Träume; wer auf Träume hält, der greift nach den Schatten, und will

Wind haschen», heißt es bei Jesus Sirach (34; 1,2). Das Christentum behandelt den Traum wie andere ursprüngliche Äußerungen der menschlichen Natur: zögernd, ablehnend. Dies nicht zuletzt unter Platos Schatten. In einem jeden von uns, schreibt er, wohnt «eine heftige, wilde und gesetzlose Art von Begierden, ... wenn auch einige von uns noch so gemäßigt erscheinen; und dieses nun eben wird in den Träumen offenbar.»[51] Hier ist vom Traumvertrauen der primitiven Kulturen nicht viel übrig. Noch Freud hat seine Entdeckungen im Rahmen dieser Traumanschauung gemacht, wenngleich er die Schlimmheit der Begierden milder beurteilt als die moralistische platonisch-christliche Tradition es tat.

In der Botschaft Jesu und in der Praxis der Kirche spielen Träume als Ort der Offenbarung Gottes und als Ort der Selbstfindung des Menschen so gut wie keine Rolle. Nicht die Bild- und Traumoffenbarung, sondern die Wortoffenbarung Gottes ist das Zentrale. Der rechte Glaube kommt aus dem Hören des Wortes, nicht aus dem Sehen. An diesem grundsätzlichen Standpunkt ändern auch die Maler und die Visionäre der christlichen Zeit nichts. In der Überbewertung des Wortes, das Ordnung, Unterordnung, Gehorsam schafft, hat das Christentum unserer intellektuellen, naturwissenschaftlich-technischen Zivilisation mit ihren Ordnungszwängen vorgearbeitet.

Andere Transformationsareale

Streifen wir andere Veränderungsfelder, beginnen wir bei der Sexualität. Der Beischlaf ist neben dem Schlaf ein weiteres «naturwüchsiges» Transformationsareal. Dies gilt freilich nicht für die Sexualität des Leistungssystems. In ihm ist sie nur eine Spielart der Entspannung, wenn nicht Sexualpflicht. Im Teilhabebewußtsein erneuert sie in ihrer kleinen

Form seinen Fließcharakter; in ihrer großen Form ist sie identitätsstiftend. Mythisch überhöht wird dies im Gilgamesch-Epos dargestellt, wo der Tiermensch Enkidu durch das Liebesspiel mit einer «Hure» zum vollen Menschen wird.

«Ihren Busen machte die Hure frei,
Tat auf ihren Schoß, er nahm ihre Fülle,
Sie scheute sich nicht, nahm hin seinen Atemstoß,
Entbreitet' ihr Gewand, daß auf ihr er sich bettete,
Schaffte ihm, dem Wildmenschen, das Werk des Weibes –
Sein Liebesspiel raunte er über ihr.
Sechs Tage und sieben Nächte war Enkidu auf,
Daß er die Hure beschlief.
Als er von ihrem Genusse satt war,
Richtet' er sein Antlitz hin auf sein Wild:
Da sie ihn, Enkidu, sahen,
Sprangen auf und davon die Gazellen,
Wich von seinem Leibe das Wild der Steppe.
Anspringen ließ Enkidu seinen gereinigten Leib,
Doch ihm versagten die Knie, da hinwegging sein Wild.
Gehemmt wurde Enkidu, seines Laufens ist nicht wie zuvor.
Er aber *wuchs*, ward weiten Sinnes,
Kehrte um und setzte sich zu Füßen der Dirne,
Ihr ins Antlitz schauend, der Dirne;
Und der Dirne, wie sie redet, hören zu seine Ohren.»[52]

Die Sexualität zeigt dieselbe Einheit von gestaltlosem Selbst und Gestaltveränderung wie Nacht und Traum. Die Stelle der Nacht hat der Orgasmus. Seine Siedehitze schmilzt Strukturen ein, in ihr bilden sich neue. Er ist ein Ort der – aneignenden oder polaren – Fusionierung von Identitäten. Leere und konkreteste Verschmelzung der Partner sind paradox miteinander verbunden. Alle Gestaltelemente der Berührung, des Anschauens, des «Hörens der Ohren» auf eine andere Identität schwimmen im umrißlosen Fließen. Der

Orgasmus ist manchmal mit kurzen Bewußtseinstrübungen, ja Ohnmachten verbunden. Sie sind der deutlichste Ausdruck für die Bereitschaft des Selbst, sich neuen Strukturprägungen zu öffnen. Auf der sexuellen Leinwand können, traumanalog, auch Bilder und Visionen erscheinen, in primitiven Kulturen häufiger als bei uns. Die Sexualität hat, wenn sie kosmisch – also mehr als ein genitaler Lustpunkt in einer Leistungsmonade – ist, eine starke Einnistungskraft. Ihre Leere wird dann so erlebt, daß sie die tragende Fülle-Leere der Welt berührt.

Auch der schöpferische Prozeß vollzieht sich auf Mutterfeldern. Starke Sexualität kann Vorphase oder tragende Begleitung kreativer Vorgänge sein: abtauchen, auftauchen mit neuen Funden. Der Geruch faulender Äpfel, Parfumgeruch, Rauch tauchen bei Künstlern unter den diffusen Stimulationsfeldern für schöpferisches Arbeiten auf. Leonard Bernstein beschreibt, wie Musik in einem Zustand des «beinahe Schlafens» empfangen wird, und er fügt hinzu, alle Komponisten würden beten, daß doch irgendein Instrument erfunden würde, das, am Kopf angebracht, alles aufzeichnen könne, was man in Trance höre.[53]

Das Sprichwort sagt: «Den Seinen gibt's der Herr im Schlaf.» Jede Transformationstrance ist ein höherer Schlaf, eine Verbindung von Wach- und Schlafbewußtsein. Traumschlaf, der Traumheilschlaf in den alten Asklepiosheiligtümern, das beinahe Schlafen des Schöpferischen, das «Dösen» des Meditierenden, das «Entschlafen» mit seinen Visionen: überall diese Verbindung. Auch in der Hypnose («Hypnos», der Schlaf) ist sie da. Sie steht ebenfalls auf Elementarfeldern. Der Hypnotherapeut muß eine wohlige Gesamtstimmung, ein emotionales Mutterfeld schaffen; er muß diejenigen Ganzfeldbilder finden oder den einzelnen Patienten finden lassen, die gerade bei ihm wirksam sind. Sie entstrukturieren sein Alltags- und Routinebewußtsein. Auf der Grundlage der «bebilderten» Mutterfeldstimmung wird dann die Trancebeeinflussung möglich. Eine Armlevitation in Hypnose, die ich erlebt habe, erfolgte auf die Suggestion «Fruchtwasser» hin. Mein Arm schwamm im imaginierten Fruchtwasser – es war honighafter als normales Wasser – wie selbstverständlich und mit der Geschmeidigkeit einer Unterwasserpflanze nach oben. In der experimentellen Parapsychologie werden zur Erforschung außersinnlicher Wahrnehmung artifizielle Ganzfelder benutzt. Man taucht die Versuchsperson etwa ganz in rotes Licht. Die Ganzfeldtechnik erzeugt ziemlich beständig positive und starke Effekte außersinnlicher Wahrnehmung, die ziemlich hoch über der Zufallserwartung liegen. Ein Sender konzentriert sich auf ein Bild, irgendeines Malers zum Beispiel, und sendet es telepathisch einem in ein Ganzfeld getauchten Empfänger.[54] Parallele Experimente zeigen übrigens, daß auch im Traum die Fähigkeit zum Empfang telepathisch gesendeter Bilder gesteigert ist.

Die hohe Disziplin der Leere ist die ungegenständliche Meditation. In ihr ist die Leere, manchmal enthusiastisch erlebt, «Thema»; sie trägt unthematisch aber auch die gegenständliche Meditation. Die Leere kann im Atem, in der dunklen Erdhaftigkeit des Körpers, in Lichtvorstellungen, als ungetönte Leere gesucht werden. Die Meditation ist die höchste Sublimationsform des Schlafs. Ein westlicher Zen-Meister sagt, man gelange in sie durch einen Zustand, der dem gelösten Hindämmern unmittelbar vor dem Einschlafen gleiche. Die Kunst ist, nicht in Schlaf abzugleiten.[55] Auf dem Hintergrund der Leere entstehen starke Emotionen, abstrakte, persönliche, mythische Bilder. Der Meditierende – je nach der Schule, der er angehört – arbeitet sie durch oder läßt sie vorüberziehen. Die Meditation erzeugt Persönlichkeitsveränderungen: Angst nimmt ab, Selbstachtung, Spontaneität, die Fähigkeit, eigene Bedürfnisse zu erkennen, Wahrnehmungs- und Erinnerungsschärfe nehmen zu, das schöpferische Potential erweitert sich. Also auch hier: Leere und Strukturveränderung.

Schließlich ist die Todesnäheerfahrung zu nennen: ekstatische Exkorporation, Entgrenzung, Harmonie, Lichterlebnisse. Nach der Reanimation treten wiederum oft Persönlichkeitsveränderungen ein. Die Schilderungen der Reanimierten sind den Erfahrungen der ersten Bewußtseinsmatrix ähnlich. Das menschliche Leben verdichtet und begrenzt sich zwischen zwei Grenzenlosigkeiten: der vorgeburtlichen und der derjenigen des Sterbens – angenommen, die Erfahrungen der klinisch Toten gelten auch für die Sterbenden, die nicht reanimiert werden.

Der Tod ist ein Bruder des Schlafs. Im früheren Deutsch-Ostafrika bedeutete auch das Wort für «träumen»: «zur Hälfte tot sein.» Die Sexualität wird manchmal ein «kleiner Tod» genannt. Immer, wenn eine Gestalt des Selbst sich verändert, wir einen Strukturabschied nehmen, sterben wir einen kleinen Tod. Jedes Eingehen in die Leere ist ein «Hineinsterben» in sie. Im realen Sterben lassen wir, bis in den Körper hinein, alles los. Das Leistungs-Ich kann nicht sterben, es kann sich nur töten lassen. Der Tod erscheint ihm lebensfeindlich, während er für das teilhabende Ich grundsätzlich freundlich ist. Die Unmöglichkeit zu sterben, die Unfähigkeit, sich meditativ ins Universum einzunisten, die kreative und orgastische Impotenz, die Erinnerungslosigkeit an Träume, die Schlafstörungen: sie liegen alle auf einer Linie, der Angst vor dem Sterben auf den Mutterfeldern.

Neubeginn

Die Psychotherapie ist ein Transformationsareal. Was ist hier das Elementarfeld? Eine kurze und einseitige Antwort: der Therapeut. Er muß für den Patienten ein sicheres Element sein, wie das Wasser für den Fisch. Dabei trägt er natürlich zur Elementarerfahrung des Patienten nur das Seine bei; er macht sie nicht. Auf ihrem Hintergrund ist die Teilhabe am Unbewußten und Noch-nicht-Bewußten möglich. Die stille, konturlose Präsenz des Therapeuten ist ein zentraler Sinn der «Abstinenzregel», nach welcher er sich nicht unangemessen als konturierte Persönlichkeit darstellen soll. (Diese Regel hat natürlich noch zahlreiche andere Aspekte.) Sie ist keine Entzugsregel, sondern eine Präsenzregel.

Freuds Methode des «freien Einfalls», nach welcher der Patient sich allem, was in ihm auftaucht, öffnen soll, gehört zu den großartigen Formen der Wiederkehr des partizipierenden Bewußtseins. Sie ist eine Methode der aktiven Trance. Im freien Einfall gibt der Patient ja nicht primär dem Analytiker ein Deutungs- und Ausgrabungsfeld von Bewußtseinsfragmenten, auf dem dieser mit seelenarchäologischen und anderen Deutungshypothesen tätig wird. «Freier Einfall» bedeutet vielmehr: Der Patient geht, an den Stockungsstellen vom Analytiker unterstützt, über in die Lebensform des Fließens.

Es gibt im psychotherapeutischen Prozeß die Phase des Neubeginns.[56] In ihr erreicht der Patient die Ebene des elementaren Vertrauensfeldes; des ausdrücklichen, offenen, «gehärteten», nicht-imitierten Vertrauens. (Auch in der passiven Trance der Hypnose braucht es Zutrauen. Dieses ist jedoch nicht notwendig das «Urvertrauen», eine mehr oberflächlich gelegene Hingabeschicht genügt. Nicht zufällig wurden die hypnotischen Phänomene im vergangenen Jahrhundert an Hysterikerinnen untersucht. Sie haben wenig Urvertrauen, idealisieren aber gerne, klammern sich an eine für allmächtig gehaltene Person an.)

Nicht alle Patienten kommen zur Verschmelzungsebene des Vertrauens. Sie akzeptieren sich auf der Ebene des gesonderten Ichs, lernen es, Zutrauen zu ihren Werten und Ansprüchen zu haben, sich gegen unangemessene Angriffe auf ihre Selbstachtung von innen und von außen zu wehren. Sie sehen die freundlichen Aspekte der Welt. Darin aber liegt eine mehr ichhafte Selbstbehauptung gegen das Bewußtsein des inneren und äußeren «Morasts» als in der Erfahrung des Neubeginns; dieser trocknet ihn eher aus.

Manche Patienten arbeiten hart an den Widerständen gegen den Neubeginn, nachdem sie auf der Ebene der sich abgrenzenden Selbstbehauptung viel erreicht haben. Anderen stellt sich das Problem des Neubeginns von vornherein. Ich erinnere mich an einen Patienten, der in seiner grundlegenden Verschmelzungs- und Kontaktfähigkeit sehr gestört war. Er war ein armes Leistungs-Ich, fühlte sich immer überlastet, war oft ganz ertrunken in der Kränkung «Niemand ist für mich da, ich für alle». Am Ende der Stunde Abschied nehmen zu müssen, war lange Zeit ein schmerzlicher Eingriff für ihn. Sein verlassenes Ich löste sich dabei manchmal fast auf. Er stöhnte, erhob sich nur langsam, weinte. Später umarmte er mich gelegentlich, um etwas von mir mitzunehmen. Er hatte Angst wiederzukommen. «Wenn ich gehe, sind Sie weich. Wenn ich komme, sind Sie eckiger. Werde ich das ertragen?» Mit der Zeit begann der Neubeginn. Dies äußerte sich auf der Körperebene etwa so, daß die Körperteile des Patienten, etwa Nase und Genitalien, zusammenflossen. «Ich fühle mich wie noch nicht geboren.» Oder sein Körper dehnte sich weit aus, meinen einbeziehend. Dabei bekam er gelegentlich Angst, wollte meine Hand berühren; dann spürte er seinen Körper wieder wohlig. Später gab es Sitzungen von meditativer Kraft, ohne daß wir jemals ausdrücklich meditiert hätten. «Sie wurden für mich beinahe zum Zen-Meister.» Er verlor dabei seine Bedürftigkeit nach außen – «Ich brauche von Ihnen dringend dies und das» – und fühlte sich «mollig» in sich selbst. «Schön, Sie nicht zu brauchen, schön nicht gebraucht zu werden; und Sie doch dabei zu haben.» Er war oft versunken in die Blumen, ins Licht. »Ich möchte Sie hineinverweben ins Licht.» Er ging mit seinen Augen auf der weißen Zimmerdecke spazieren. Die Abdeckdose für die elektrische Leitung erschien ihm wie ein Bauchnabel, ein Zentrum.

Ich fühlte mich bei diesem Patienten manchmal schläfrig. Zuerst war ich darüber beunruhigt. Dann akzeptierte ich es und nannte meine Schläfrigkeit für mich eine «prägenitale Beischläfrigkeit». Das war's, was er brauchte. Bei einer anderen Patientin, die dem Neubeginn nahe war, äußerte sich dies bei mir manchmal ebenfalls in Schläfrigkeit. Sie war wohlig, nicht bleiern, wie bei unbewußt aggressiven Patienten, die den Therapeuten «um die Ecke bringen wollen», oder bei Patienten, die viel wollen, aber nichts annehmen, so daß er dasitzt «wie bestellt und nicht abgeholt». Einmal schlief ich ein paar Atemzüge lang ein. Die Patientin hörte das sofort an meinem veränderten Atemrhythmus und sprach es an. Sie war nicht gekränkt, sondern neidisch und sagte: «Das könnte ich noch nicht, obwohl ich auch schon nahe am Schlafen war.» Ich war ihr im «Heilschlaf» vorausgegangen.

Der Neubeginn kündigt sich manchmal im sexuellen Bild an; der Patient, ob männlich oder weiblich, schläft etwa mit dem Therapeuten im Traum. Der erwähnte Patient urinierte am Klo auf Haare, die darin lagen und phantasierte, es seien meine Schamhaare. Ein homosexueller Patient, der von seiner Großmutter, seiner wichtigsten Beziehungsperson, sehr traumatisiert worden war, schlief eines Tages enthusiastisch im Traum mit ihr. Während dies früher in ähnlichen Träumen ein Unterwerfungsbeischlaf war, zeigte diesmal die Atmosphäre seines Berichts, daß er ein Erlebnis primären Getragenseins gehabt hatte. Er hatte zu den positiven Aspekten seiner Großmutter gefunden und sie im Traum überschwenglich «gefeiert», und in ihnen die Welt. Auch die Einstellung zum Tod ändert sich im Neubeginn. Eine Patientin sagte danach: «Ich konnte mir nie vorstellen zu sterben, jetzt kann ich es.»

Manchmal scheint es, es gebe für bestimmte Patienten ein Vorzugselement für den Neubeginn. Ich denke an einen Mann, der liebte das Element der Erde, spielte Tennis, wanderte, wenn er depressiv zu werden drohte. Er hatte einen stämmigen Körper, als Kind tobte er – wenn er tobte – besonders wild und aufgedreht. Sich fallenzulassen, dies stellte er sich in seiner Angst davor so vor: Er sei ein Säulenheiliger und müßte dann ja von seiner Säule auf die Erde heruntersteigen. Dann müßte er jämmerlich weinen und sei kein Mann mehr. Als Jugendlicher hatte er öfters eine Phantasie: Am Klo baumele ein Erhängter. Am Klo, dem Ort des «Fallenlassens», phantasierte er sich also als Bodenlosen über dem Boden. Er hatte Knie, die ihm manchmal Schwierigkeiten machten. Wenn er den Mutterfeldern nahe kam, hatte er in der Therapiestunde gelegentlich Knieschmerzen. Als er die Ebene des Neubeginns zum ersten Mal für mich sichtbar betrat, nahm er freilich ein neues Element hinzu. Er phantasierte, mit mehreren Frauen auf einmal zu schlafen. «Es war, als würde ich von ihnen gebadet; ich fühlte mich in Wellen, wo man bewegt wird und sich bewegt.» Bei «sich bewegt» wurde ich aufmerksam. Denn er war öfters unerträglich darin, Ansprüche zu stellen, etwa fast querulatorisch meine Vollkommenheit einzuklagen. Jetzt aber begann er – statt passiv Ansprüche zu stellen – rezeptiv zu werden. Dieser Übergang ist ein Zeichen des Neubeginns. In der nächsten Stunde hatte er von einem jungen, starken, lebensfrohen Mann geträumt, der nichts am Leibe hatte als lange, ihn vom Kopf bis zu den Füßen umfließende Haare. Der Patient trug das Element im Traum an sich, war mit ihm bekleidet.

Ein anderer Patient durchlief in der Phase des Neubeginns in einem kurzen Zeitraum im Träumen alle vier Elemente. Ich gebe seine Träume wieder. Der Lufttraum: «Ich steige auf eine mehrere Kilometer hohe Tanne hinauf. Dann werden die Äste morsch, ich steige wieder hinunter. Ein Ast bricht, ich falle, denke: ‹Jetzt wird's ernst, ich sterbe.› Ich komme aber heil unten an, bin unter Leuten.» Die Erfahrung ist: Die Luft trägt, wenn das Ich in sie «hineinstirbt». Sie trägt zu Menschen, zur Welt. Die Tanne: ein «Weltenbaum», der zu einem positiven Tod führt, Vermittlerin zum Luftelement. – Der Wassertraum: «Ich sitze mit mehreren Leuten, auch Konrad ist da, an einem Tisch auf Stühlen. Tisch und Stühle stehen auf Wasser. Konrad ist plötzlich weg. Ich denke: ‹Er muß ertrunken sein.› Ich tauche zaghaft, aus Angst, er faßt mich, hält mich unten. Die anderen scheren sich wenig, nur ein Arzt zieht seine Jacke aus, um ins Wasser zu springen.» Dargestellt wird die Lebenswelt, die auf dem Wasserelement schwimmt. Konrad stellt den intellektuellen, überkontrollierenden Teil des Träumers dar. Er fällt ins Wasser. Der Träumer distanziert sich etwas von diesem positiven «Todesfall»; er taucht – freilich zaghaft, aus Angst, von diesem Teil wieder geschnappt zu werden –, obgleich es ja nicht auf Konrads «Errettung», sondern gerade auf sein Ertrinken im Wasser ankommt. Der Träumer fügt seinem Traumbericht an, am nächsten Tage habe er das Bedürfnis gehabt, beim Geschlechtsverkehr mit seiner Freundin auf ihr wie auf Wasser zu schwimmen. – Der Erdtraum: «Würmer kriechen mir seitlich am Körper hinauf unter die Schläfen. Sie schmerzten am Vortag etwas. Es sind nicht grobe, sondern subtile Würmer. Beim Erwachen hatte ich die Vorstellung, sie fressen sich durch mich hindurch wie durch ein Hügelbeet, das sie in fruchtbare Erde verwandeln.» Auch hier finden wir, wie in den vorherigen Träumen, die Verbindung von Element und Tod. Zu den Tieren, die in der schamanischen spirituellen Vision den Egotod herbeiführen, indem sie den Körper auffressen, gehören auch Würmer. – Der Feuertraum: Er bestand nur in einem Traumgefühl: «Überall in mir ist Gold». Am Vortag hatte eine Frau dem Patienten erzählt, sie habe gegen Rheuma Gold gespritzt bekommen. Das Feuerelement löst Steifheit.

Der Neubeginn ist niemals ohne Widerstände zu gewinnen. Eine Patientin, deren Mutter, als sie schwanger war, versucht hatte, sich zu töten: «Ich fühle mich wie ein Embryo, der in einer schwarzen Flüssigkeit schwimmt. Die schwarze Flüssigkeit sind Wut, Groll, Trotz, Stampfen. Allein damit überlebte ich.» Sie kam als Frühgeburt mit sehr wenig Gewicht auf die Welt. «Vielleicht muß ich akzeptieren, die Bedürfnisse eines Embryos nie befriedigt zu bekommen. Ich ertrotzte mir das Leben immer ganz allein.» Da sie sich schlecht vorkam, schuldig an der Mutter, der sie sich aufgedrängt hatte, mußte sie ihr Leben nicht nur gegen die unwirtliche Welt, sondern auch gegen ihr eigenes Schlechtigkeitsgefühl durchsetzen. Sie: «Ich habe kein Vertrauen zu den anderen.» Ich: «Weil Sie kein Selbstvertrauen haben und meinen, sich ihnen nicht zumuten zu können.» Es ist leicht vorzustellen, durch wie viele Widerstände des Schlechtigkeitsgefühls, des Mißtrauens, der einsamen Selbstbehauptung – die ehemals natürlich lebensrettend war – der Weg vom schwarzen zu einem hellen Fruchtwasser führt.

«Ich träumte, in einem Fluß schwimmen gefährliche U-Boote.» Das sind die Verfolgungsgefühle, die das Wasser des Neubeginns, das schon fließt, noch durchsetzen. «Ich träumte, ich will aufs Klo, es ist aber verschlossen; ich kann keine Wurst machen. Drin sitzt mein Bruder, er muß auf eine Prüfung lernen.» Der Bruder, hier das Leistungs-Ich des Patienten, sitzt auf dem Klo und verhindert die mühelose Produktivität.

Wir finden den Widerstand gegen Elemente überhaupt sich auch psychosomatisch äußern. Eine Sonnenallergie, die etwa nach einer sehr schmerzhaften Trennung auftritt, «wo du niemanden mehr sehen und nur noch im Dunkeln sitzen willst», verschließt gegen das Lichtelement. Chronische Stirnhöhlenvereiterung, Asthma, Herzbeklemmung beim Fliegen versperren gegen das Luftelement.

Praktisch wichtig ist: es gibt Ängste vor bestimmten Elementarfeldern, bei gleichzeitiger Angstfreiheit gegenüber anderen. «Ich habe mehr Angst vor der Auflösung durch die Sonne als vor dem Aufgehen im Wasser.» «Ich gehe» – in einem therapeutischen Tagtraum – «lieber auf eine Wiese als in den blauen Himmel.» – Die Furcht vor den Elementen hat ihr Gegenstück in dem Charakter, der die Gestalten fürchtet und fast nur in den Elementen existieren kann. Er wurde «Philobat» genannt.[57] Er «liebt das Gehen», das Immerweggehen; der Flieger, Waldläufer, Leergänger. Er verträgt nur die abstrakte Mutter, die konkreten Menschen sind ihm zu gefährlich; seine Trance bleibt leer.

Element und Gestalt

Ich möchte noch einige Beobachtungen über das Verhältnis zwischen Element und Gestalt, dem Vorweltlichen und dem Weltlichen, und über bestimmte Eigenschaften und Spielarten von Elementarfeldern anfügen. Wie verhalten sich Element und Gestalt? Ist es richtig, sie voneinander wie Hintergrund und Vordergrund zu trennen? Sind die Gestalten nur in den Elementen, sind sie nicht auch aus Elementen gebildet? Sind etwa die gefärbten Dinge im Licht oder sind sie gefärbtes Licht? Für manche Kulturen enthält das weiße Licht alle Farben, für andere das schwarze. Das aber ist nicht sichtbar. Die Frage bewegt sich allein auf der Ebene des sinnlich Wahrnehmbaren. Eine Wiese etwa leuchtet grün, sie ist «Grün-Licht». Ganz als Augen-Wiese genommen ist sie nichts anderes. Stellen wir uns eine einförmige Wiese, ohne Maulwurfshügel, vor. Wenn wir auch alle anderen Gestalten um sie herum, Bäume, Wolken, aus dem Bild ausblenden, so haben wir ein grünes Lichtelement vor uns. Es gibt Objekte, die sowohl als Gestalt wie auch als Element wahrgenommen werden können. Was sie sind, hängt vom Blick ab. Nehmen wir die Wiese aber als Gestalt, so ist sie eine farblich getönte, räumlich so und so umrissene Lichtfigur neben anderen «im Licht» oder «im Schatten», im abgedunkelten Licht. Wir erfahren sie nicht aus Tageslicht gebildet. Dies ist ganz deutlich, wenn wir sie auch als Wiese, die berührt, betreten wird, als Erdgestalt nehmen.

Elemente und Gestalten können einander durchdringen. In der Schilderung der ersten Bewußtseinsmatrix heißt es: Die Versuchsperson «kann die Formen materieller Gegenstände als leer und die Leere als gestalthaft wahrnehmen.»[58] Es gibt auch figurierte Objekte, die eine Elementarausstrahlung haben. Zum Beispiel Bäume mit geflammten Ästen, Ästen wie Flammen. Sie sind erdhafte Gestalten, aber vermitteln zugleich Feuer-Konturlosigkeit. Denken wir auch an Wolken, geballte Luft, Schneeulen, den Mond, geballtes Licht. Umgekehrt gibt es Elemente, die den Gestalten nahe stehen, zum Beispiel der «steife Wind». Beide Gegenstandstypen bewegen sich gleitend zwischen Element und Gestalt, sind Übergangsobjekte, Vexierobjekte. Auch der Tranceleib ist, je näher er einem Element steht, desto lufthafter, wasserhafter, lichthafter; desto mehr verliert er an Schwere, ist leichter gewoben. Geben wir ihm Tiernamen, so können wir von einem Vogel- oder Fischleib oder von einem Körper von der Art einer auf dem Licht tanzenden Mücke sprechen; auch von einem Schlangenkörper, der auf der Erde gleitet. Der Erdkörper ist nicht notwendig schwer. Vielleicht können wir annehmen, daß die Leichtigkeit des Elementar- und Trancekörpers die Grundlage dafür ist, daß ihm möglich ist, was ihm als schwerem, dicht gewebtem Alltagskörper verschlossen ist. Möglich etwa, daß Schmerzen im Trancekörper eine leichtere Konsistenz annehmen und dadurch hypnotischen Verfahren, Schmerzunempfindlichkeit herzustellen, zugänglich werden.

Trance entsteht durch die Nähe zum Elementarbereich. Das Aufgehen im leeren Feld ist die grundlegende Trancematrix. Die Verschmelzung des Ichs mit Figuriertem – der eigenen Aktivität, Weltgestalten –, sein Umschlag in ein Mir, Mich, Es haben in ihr ihre Frühform, ihr Vorbild, ihre intensivste Steigerung, aber auch ihren aktuellen Hintergrund. Dasselbe gilt für das Zur-ganzen-Welt-werden des Tranceinhalts. Die Gestalten, mit denen das Ich den Trancekontakt hat, sind auf Elementen schwimmende Gestalten. Das Element ist das Erste. Der Erfahrung mag es manchmal umgekehrt erscheinen, so, daß jener Kontakt den ozeanischen Strom erzeugt, wie Bäume, Erdgestalten, das Luftelement hervorbringen.

Das umgebende Element färbt alle Gestalten und Bewegungen in ihm. Wenn im sozialen Raum «gute Luft» herrscht, sind die Bewegungen in ihm fließend. Wir sagen: «Im Glück schwimmen». Es gibt Zeiten, in denen wir uns in der Welt wie «der Fisch im Wasser» bewegen. Sie hat dann nicht die Widerständigkeit, die – physische, soziale, moralische – Bedrohungen, Sorgen, erlittenes Unrecht ihr geben. Hemmendes wird umflossen, wie Wasser Steine umfließt. Erfahren wir «als Wasser» die Welt, wird alles «zum guten Widerfahrnis». Manche Menschen leben nach der Bewältigungsstrategie des Wassers: «Steter Tropfen höhlt den Stein.» Charaktere können von Elementen geprägt sein. In einer Biographie über Kolumbus heißt es: Er «hatte sich schon immer auf See am wohlsten gefühlt, denn hier war alles Bewegung; an Land dagegen gab es Schwierigkeiten und schlechte Behandlung, denn dort standen die harten Tatsachen in ihrer ganzen Unbeweglichkeit. Es war ein Wesenszug seiner moralischen Persönlichkeit, der gut zu seinem phantasiebegabten Temperament paßte. Der ständig wechselnde Ausblick, fortgesetztes Verschieben der Situation, das flüssige Element, auf dem man schwamm, die Flüchtigkeit des Windes, der seine Schiffe trieb, die Gesellschaft der Wolken, das freie Verfügen über alle Richtungen der Windrose – diese über dem Meer liegende Stimmung des Ungewissen war besser mit seiner phantasievollen Seele in Einklang zu bringen, als der harte und schwere Charakter des Landes und die handfesten Probleme, die sich dort stellten.»[59] Kolumbus war im Aufbau und der Verwaltung der Kolonien nicht besonders geschickt.

Andere Menschen nehmen die Welt mehr erdhaft, «handwerklich». Manche kommen «als Feuer» über ihre Welt. Wieder andere bewegen sich als erregbare Luft, medial, im negativen Fall nur «wie ein Lufthauch», «wie eine Wetterfahne» im Raum. Die Hetärenfrauen lassen sich einatmen, stellen sich wie Luft zur Verfügung, scheinen auf eigene Rechte und Bedürfnisse zu verzichten. Es gibt auch Feuerfrauen, Wassernixen, Erdfrauen unter ihnen. Wenn sie nicht klug sind, werden sie ausgenützt. Ein Patient träumte von seiner Hetärenfreundin: Sie liegt bewußtlos, aber nicht tot, auf dem Grund eines Wassers. Er schläft mit ihrem auf der Wasseroberfläche gespiegelten Bild. Dann sieht sie ihn von unten flehentlich an, als sage sie: «Laß mich endlich auch lebendig werden.»

Die Welt, das Ich können also nach bestimmten tragenden Elementarperspektiven erfahren werden. So auch der Tod. Der nackte Tote kann sich mit verschiedenen Elementen bekleiden, der Leib «der Erde zurückgegeben» oder in einem Luftbegräbnis als Asche «in die Winde zerstreut» werden. Ich nahm einmal an einem strahlenden Maitag am Begräbnis einer alten Frau, einer ausgesprochenen Luftfrau, teil und hatte das Gefühl: in Wirklichkeit liegt sie nicht in der Erde, sie ist im Sonnenhimmel begraben. Es gibt Wasserbegräbnisse. Empedokles sprang in den Vulkan. Welches Element der Selbstmörder wählt, ist nicht zufällig. Nicht immer sucht er die Vereinigung mit der guten Mutter. Er schlägt auch auf der bösen Mutter auf – vielleicht um die starre Erde aufzurütteln –, er exekutiert sich im Wasser. Auch die schlechte Mutter kann sich in den Elementen darstellen.

Paradoxe Verleiblichung

Wir haben schon Elementarperspektiven des Körpers beobachtet. Er trägt alle vier Elemente in sich. Wir hauchen im Kuß, speien Feuer mit den Augen, ringen Leib an Leib, speicheln, lassen Wasser. Einem Patienten, der wie versteinert war, war sein eigener Urin eine Zeitlang sehr wichtig, als sei er das Flüssigste, was ihm geblieben war. Er urinierte in sein eigenes Schamhaar, in seine Hose, er näherte sich urinierend dem Mond. «Ich versuchte, mich zum Mond, der so weit weg ist, hinzuschiffen, um ihm näher zu sein.» Der Stolz der Kinder auf ihren Kot, ein Erd-Wasser-Mischelement, stammt nicht nur aus dem Lob der Mutter für den Töpfchenkot. Er ist auch der Stolz des Schöpfers. Wie Gott aus Lehm den Adam formte, so können sie aus sich selbst ein Element nehmen und es formen.

In der Bewegungstrance können alle Elemente, ich denke jetzt an die vier Elemente, den Körper ergreifen. Ein Tanz kann lufthaft sein – «Ich tanze mit dir in den Himmel hinein» –, ein erdhaftes Stampfen, ein Feuertanz, ein Regentanz. Die Primitiven «regneten» in der Hoffnung, mit ihrer «Sympathiewerbung» den Regen auch einfühlsam zu finden. Sexualität kann hauchartig, «irden», wie ein Wasserbaden, feurig sein. Elemente können sich in ihr auch begegnen: «Ich die Erde, du der Regen.»

Der Trancekörper kann «zur ganzen Welt» werden, rhythmische Bewegungen können das entstehende Körperdunkel zum Dunkel «außen» werden lassen, so daß es sich wie ein großer Himmelsmantel um das Ich schlägt. Der Leib verwandelt sich so aus einer Gestalt in ein Feld. Der Atem kann sich vom Atem «im Körper» zum «Atem der Welt» erweitern, der alles trägt. Der Hyperventilationsatem, ein starkes rhythmisches unausgesetztes Atmen, mag uns den erdhaften Körper nehmen, so daß wir nur noch Atem ohne das Körpergefäß sind. Wie der Atem einen Atemkörper gibt, so das Trancesingen einen Tonkörper.

In der Trance entkörperlicht sich der Körper. Der Weg dazu ist, «ganz Körper» zu werden. Dies kann paradoxe Verleiblichung genannt werden: Entsinnlichung durch Versinnlichung, Exkarnation durch Inkarnation. Alles Elementare ist, je sinnlicher, desto unsinnlicher. Dies gilt auch für die Sexualität. Sie nur als «Sinnlichkeit» zu sehen, entspringt einem ideologischen Vorurteil. Für das Christentum gehört sie zum «Fleisch», zur gefallenen Natur. Die Erfahrung des Unbegrenzten, des offenen Vertrauens, das in ihr fließen kann, ist nicht sinnlich. Dennoch entsteht sie, indem wir «ganz Sexualität» sind. Auch im Schlaf entkörperlichen wir uns. Indem wir «ganz müder Körper» werden, schlafen wir ein. Dann erlöschen die Körperbewegungen bis auf Zuckungen, die Körperfunktionen, der Sauerstoffverbrauch reduzieren sich. Manchmal müssen wir beim Erwachen unseren Körper erst langsam wieder zurückerobern.

Die Entkörperlichung ist nicht immer angenehm. Wenn wir die Elementarverschmelzung falsch dosieren, «spacy» werden, «entschweben» wir. Dosieren wir aber richtig, durchziehen wir angemessen die Elemente, kehren wir zur Erde zurück, so haben wir nach der Trance einen kraft- und seelenvolleren Leib als vorher.

Inventarisierung

Runden wir das Inventar der Elementarfelder noch etwas ab. Das reine Elementarfeld kann sich zum nuancierten abwandeln: der wolkenlos blaue Himmel im Vergleich zu einem Schleierwolkenhimmel oder zum Meer. Im Meer gibt es Schaum, Wellen, Figuren und Rhythmen. Trotzdem hat es elementaren Charakter. Das leere Feld fordert keine reine Monotonie, aber monotone Elemente müssen vorrangig sein.

Bachs Musik hat daher eher Elementarcharakter als Mozarts, ganz deutlich ist das etwa in den langsamen Sätzen im Herzrhythmus.

Elementarfelder verschiedener Sinnesgebiete können sich gleichgestellt mischen. Etwa: Nacht und Trommeln, Sonnenwärme und Sonnenhimmel. Der Schnee mag zugleich Element für das Auge und Element für das Gleiten auf Skiern sein: Licht- und Erdfeld. Es gibt auch Elemente neben Elementen auf derselben Sinnesebene, etwa eine Bergwand, die glatt erscheint, neben dem Himmel. Sie sind immer ausgeschnitten, nur als Segmente wahrnehmbar. Zu Elementarfeldern werden sie, indem das Gefühl des Grenzenlosen mit ihnen verbunden wird; sonst bleiben sie Gestalten. Das Grenzenlose ist niemals sichtbar oder hörbar, es tritt aus dem Gefühl hinzu. Es kann auch nebeneinandergestellte Elementarausschnitte zu ineinander eingelassenen Grenzenlosigkeiten machen.

Sinnliche Mutterfelder müssen nicht hinter den Objektgestalten, sie können auch als Vordergrundfelder vor ihnen sein, etwa ein Schneeschleier vor einer Landschaft. Es gibt auch zwischen die Objekte eingewobene Felder: das Regenfeld; ein sexuelles Gefühl, das den Tag über durch den Körper, die Tätigkeiten, die Menschen, mit denen wir es zu tun haben, rieselt. Auf der emotionalen Ebene freilich sind solche Felder immer Hintergrundfelder.

Elementarfelder haben auch eine Staffelung, ein geringeres oder größeres Umfassungsvermögen. Eine Analogie dazu ist die Hierarchie der Begriffe. Es gibt Leinwände, die breiter oder weniger breit sind. Je leerer die Leere, desto intensiver ist die Leereerfahrung. Dies gilt freilich mit dem Zusatz: Das einem Menschen in seinem Entwicklungsstand jeweils angemessene Feld ermöglicht ihm die intensivste Erfahrung. Das übergeordnete Feld ist ein Element für das untergeordnete; es hat seinerseits seine Elementareinbettung in dem ihm wiederum übergeordneten Feld.

Dennoch können wir nicht sagen: Die unteren Felder sind, vom Standpunkt der höheren aus betrachtet, nur Gestalten. Sie sind Repräsentanten der höheren. Beispiele für Feldhierarchie: Auf einem erotisch getönten Feld werden wir nicht die Tranceregression bis in die Zeit um die Geburt herum erleben; dies ist aber auf einem durch Trommeln erzeugten Feld möglich. Sonnen wir uns in Ferienstimmung am Strand, werden wir keine Visionen haben, wie sie in der Meditation möglich sind. Der Komponist, der schläft, schreibt keine Symphonie; freilich mag er Motive für sie hören. Die leerste Leere müssen wir uns unsinnlich vorstellen; sie materialisiert sich nicht. In ihr fällt alles vom Ich ab. Aber zugleich «ist alles möglich». Erlischt auf einem hohen Feld auch die Begierde nach Sein? Sein und Nichtsein mögen dort gleich gültig erscheinen, das Ich es dem Universum anheimstellen, ob dieses es haben will oder nicht, bereit dazu, das Nichts als die ihm zugewiesene Mutter und Einheit mit sich zu akzeptieren.

Streifen wir die verschiedenen Sinnesfelder. Akustische Felder: z.B. Trommeln; bei entsprechendem Rhythmus können sich der Schlag des vorgeburtlichen Mutterherzens, der eigene Herzschlag darin wiederholen. Wasserrauschen: Im Heiltempel des Asklepios zu Pergamon floß Wasser in künstlichen Rinnsalen durch die Gebäude und erzeugte eine Elementaratmosphäre. Meditationslaute: In ihnen wechseln die Vokale von der Gestaltebene, die sie als Teile von Worten haben, auf die Elementarebene über. Die Stille: reine Stille; oder die Stille zwischen Hörelementen, Worten, Geräuschen.

Optische Felder: Neben den «materiellen» Augenfeldern gibt es mehr «immaterielle». Eine intensive Schwärze kann uns beim Meditieren überfallen, die sich von der üblichen Schwärze des Augendunkels unterscheidet, indem sie etwas Nichtsinnliches hat. Oder: «Ich hatte eine Vision von meinem verstorbenen Vater. Er war ganz weiß; unsichtbar weiß;

ich hatte nichts vor Augen; und doch war er ganz weiß. Dabei fühlte ich ein ungeheures Vertrauen zum Universum. Es verlor plötzlich seine Leere, es war ganz gefüllt.»

Geruchsfelder: «Betäubende Gerüche», Weihrauch, Wacholdergeruch werden zur Tranceeinleitung verwandt. Wir können uns mit der «unendlichen Süße des Geißblattes» ganz erfüllen und in ihr einfach werden. Für den Geruchssinn ist die Subjekt-Objekt-Trennung von Haus aus geringer als für andere Sinne. Der Geruch, die Nase, der Kopf, das ganze riechende Selbst sind eher miteinander verschmolzen, wie die Luft mit den Lungen, als das Sehen mit dem Gesehenen; das «Draußen» ist geringer. Geschmacksfelder: Für den Geschmackssinn gilt dasselbe. «Die Pflaume schmeckt süß» und «Meine Zunge schmeckt süß» stehen nahe beieinander. Wie im süßen Geruch können wir uns auch im süßen Geschmack verlieren. Berührungsfelder: Berührungsunendlichkeiten. Hände, Wind, Wasser, Sonne streicheln uns und machen uns formlos. Der Atem streichelt uns von innen, und wir werden unbegrenzt in ihm.

Bewegungsfelder: Rhythmische Bewegungen, Stürme der Bewegung erzeugen Elementarfelder. Beim Wirbeltanz etwa zerfließen die Körperkonturen, wie hier auch auf der optischen Ebene die Welt zuerst zu einer unscharfen «Fleckerlteppichwelt», dann ganz konturlos wird. Nichts Fokussierbares, den Augen Anfaßbares ist mehr da. Dasselbe gilt vom Körpergefühl; es faßt keine unterschiedlichen Körperteile mehr an. Das Ich rinnt beim Wirbeln in eine nach Ich und Welt nicht mehr gesonderte Raumlosigkeit aus.

Elementarfelder haben ihre Geschichte. Die Erfahrungen des Fötus haben vermutlich eher Elementar- als Gestaltcharakter. Auch der Säugling muß Konturen an den Objekten und den Widerstand, der Ich und Welt voneinander abgrenzt, erst lernen. Es gibt Patienten, denen das Widerstandserlebnis abhanden gekommen ist. Sie greifen in die Welt wie in einen

Nebel. Die Elementarerfahrungen des Ungeborenen und des Säuglings, in denen sich ihr ozeanisches Gefühl färbt und tönt, sind Frühmaterial, auf das die Trance zurückgreifen kann. Das Ungeborene tastet, schmeckt, ist lichtempfindlich von der 16. Woche an; ab der 24. Woche hört es. Verny berichtet von Untersuchungen, die zeigen, daß es bestimmte musikalische Vorlieben und Abneigungen habe, Vivaldi, auch Mozart zu seinen Lieblingskomponisten gehöre. Ihre Musik – im Gegensatz zu derjenigen von Brahms, Beethoven und zur Rockmusik – beruhigt den Herzschlag und das Strampeln. Von der 25. Woche an hüpfe der Fötus im Rhythmus von Orchestertrommeln.[60] Bestreitet man, daß das Ungeborene subjektive Empfindungen hat, sagt man, es werde nur auf der objektiv-physiologischen Ebene von Licht und Tönen berührt, so mag man sich dennoch die Aufbewahrung von «objektiven» Eindrücken wie das Negativ eines Films vorstellen, das in bestimmten Trancezuständen subjektiv nachentwickelt wird.

V
BROCKEN

Lebensraum

In den folgenden Abschnitten wollen wir noch einige große Lebensgebiete und Fragen des Teilhabebewußtseins, kontrastiert mit dem Leistungsbewußtsein, berühren. Beginnen wir beim Erfahrungsraum, Lebensraum. Er ist tragend oder nicht-tragend. Wir finden offene und verschlossene Gefühlsräume, ebenso Leibräume. Jeder Mensch ist ein Raum in sich und für andere. Er ist großherzig oder engherzig. Wir fühlen uns vom Mitgefühl eines anderen umschlossen, oder werden von seinem Staunen angesteckt, das die Welt weit macht. Der Egoismus beengt, erstickt sein Opfer, so daß es nur noch einen beklommenen, fast raumlosen Atem hat. Kontrolle «deckt total»; ihr Eisraum läßt erstarren. Jede Einstellung, jedes Gefühl schafft Räumlichkeit, «räumt Welt ein», oder zirkelt eine Schreberwelt ab. Vertrauen hat eine andere Räumlichkeit als Mißtrauen. Jenes läßt «die Welt umarmen», sehen, hören, erobern. In ihm «geht» das Ich «aus sich heraus». Im Mißtrauen hält es an sich, bleibt bei sich. Der Depressive zieht sich beinahe zu einem Punkt zusammen. Im Mißtrauen bleibt die Welt flächig. Wenn ein Kind in den Seelen- und Körperraum seiner Mutter nicht eindringt, weil er zu gefährlich ist, bewegt es sich im «Weltraum» mit einem weniger ausgreifenden Raumgefühl als das Kind, welches den ersten Raum, den mütterlichen Vorbildraum, neugierig und staunend erobert hat.

Menschengruppen bilden soziale Räume. Ihre «Verkehrsregeln» erzeugen flüssigen Verkehr, oder sie sind so, daß er stockt. Zeiträume: Etwa Vergangenheit, offen und breit daliegend – der Rückblick stärkt –, oder ängstlich zugedeckt; Gegenwart, ein gefülltes oder kaum gefülltes Jetzt; Zukunft, eine breite Straße oder ein undurchsichtiger Dschungelweg vor uns. Worträume: Gedanken des Kopfs oder des Herzens, inhaltlich reich oder abstrakt, ausgedehnte, weniger ausgedehnte Realitätsflächen abdeckend. Worte sind auch akustische Räume. Eine Übung für den Schauspielschüler ist, beim Sprechen den Raum hinter ihm im Bewußtsein zu halten. Dies verändert die Stimme, den Raum, der den Hörenden aufnimmt. Der Raum vor mir, der Raum hinter mir: «Rückwärtsgehen, ohne mich umzuschauen, verbindet sich bei mir eher mit dem Gefühl, in die Zukunft, als in die Vergangenheit zu gehen. Ich setze, was zeitlich vor mir liegt, räumlich hinter mich. ‹Mit dem Rücken zur Zukunft›, so zu gehen erfordert das Vertrauen, mit dem allein wir wirklich in die Zukunft gehen.» So erlebte es eine Teilnehmerin einer Körpertherapiegruppe.

Der Raum wird getragen von der Raumlosigkeit des Elementarbewußtseins. Er ist nicht das Erste. Diese ist paradox: Ozean, für das Auge räumlich, für das mit ihm verschmolzene Bewußtsein nicht. Wenn wir genau beobachten, sehen wir, daß das sexuelle Gefühl raumlos ist. Alles Räumliche, alle Körperkonturen werden ins Raumlose mitgenommen. – Ist, die Ebene der Fernelosigkeit zu erreichen, die Grundlage für außersinnliche Wahrnehmung auf Entfernung, in der dafür begabte Menschen Ereignisse «fernsehen», die weit weg sind, eben nicht weit weg?

Bewegung im Raum und Bewegungslosigkeit: Fortgeschrittene des Wirbeltanzes kommen in ein Stadium, in dem sie das Gefühl haben, nur die Welt um sie herum drehe sich; sie selbst stünden still. Das Selbst ruht in der zentrierenden Trance so in sich, daß Bewegung nur noch als etwas Äußeres, im Außenraum erlebt wird. Im Innenraum ist reine Bewegungsstille. Kletterer berichten manchmal dasselbe: der Fels bewegt sich, nicht sie. Es gibt eine negative Entsprechung dieser Erfahrung bei mißtrauischen Menschen, die sehr stark «an sich halten». Etwa: «Ich fuhr auf der Autobahn und hatte das quälende Gefühl, nicht mein Auto bewegt sich, sondern die Straße rollt wie ein Band in es hinein.» Sie trauen sich innerlich nicht zu fahren. Ihr Fahren ist rein äußerlich. Ebenso ihr ganzes Erfahren. Noch ein positives Beispiel, der Wasserfall: Bewegung und Ruhe in einem. «Alles fließt» und «Nichts bewegt sich, alles ist stehendes Sein», Heraklit und Parmenides vereinigt. Unaufhörlicher Wandel bei relativer Festigkeit der Wasserfiguren.

Lebenszeit

Lebenszeiten: Die Zeit steht still, ist gedehnt, lang, kurz, eilt, gerät aus den Fugen («Torschlußpanik»). Zeit haben, keine Zeit haben. Zeit zu leben, Zeit zu hassen; zu arbeiten, zu schlafen. Zeit ist Geld. Neue Zeit, junge Zeit; alte, überalterte Zeit. Zeit, Unzeit; Zeitigkeit, Unzeitigkeit. Gute Zeit, böse Zeit. Langeweile: Quälendes Tropfen der Sekunden – «Nimmt das kein Ende?» –, einen Berg von Zeit abtragen; langes Warten: «Nichts geht voran.» Kurzweil: die Zeit «im Fluge». Bestimmte Zeit, unbestimmte Zeit: «Habe ich eine Viertelstunde geschlafen, wie die Uhr sagt, oder drei Stunden?» Immer trägt die Zeit – so die genügende Zeit, das tragende Zeitmaß –, oder sie trägt nicht, wie die zu rasch ausrinnende Zeit. Alle Gefühle, Ichzustände haben eine ihnen eigene Zeit. «Dem Liebenden schlägt keine Stunde», dem Gehetzten schlägt sie immer.

Das Gefühl des zeitlichen Flusses reitet immer auf einem Bewegungsfluß. Bewegung ist Bewegung in einem Raum. Der Art des Raums entspricht die Art der Bewegung. Im materiellen Raum, Geschichtsraum, Ichraum, Entwicklungsraum, moralischen Raum gibt es dazugehörige Bewegungsarten und Zeitabläufe.

Wenn wir auf ein Gefühl der Zeitlosigkeit treffen, können wir auf Bewegungslosigkeit schließen. Läuft die Zeit langsam oder schnell, ist die Bewegung entsprechend. «Langsam», «schnell» setzen ein Ideal oder Soll der Bewegung voraus; an ihm wird die tatsächliche Bewegung gemessen. Gute Zeitlosigkeit wird getragen von dem Gefühl «Ich bin, der ich bin.» Es gibt die Einheit mit mir «über lange Zeit» oder nur für Minuten. Wenn ich skifahre und dabei in einem guten Rhythmus bin, eins mit meinen Bewegungen, den Skiern, dem Hang, so ist die Abfahrt wie ein Augenblick. Sind die Bewegungen schlecht, so sind es lauter zusammengeleimte Augenblicke, im schlimmsten Fall lauter Endlosigkeiten. In dem Maß, in dem das Ich getragen ist, wird Zeit zum Augenblick. Wäre ich in jedem Moment meines Lebens «der ich bin», so gäbe es die Zeitlinie, an die wir gewöhnt sind, nicht; eher einen gefüllten Jetzt-Zeitraum. Wie für den Wirbeltänzer die Bewegung außerhalb ist, so wäre auch die Zeitbewegung eher äußerlich.

Schlechte Zeitlosigkeit: Das schlechte stehende Jetzt stammt aus dem entgegengesetzten Zustand, der anhaltenden Nicht-Identität des Ichs mit sich. Bewegung steht hier still, nicht weil sie angekommen, das Ich «zu sich gekommen» ist, sondern weil es Abwesenheit von sich selbst ist. Jener Zustand ist gute, dieser traumatische Trance. Denken wir an langes leeres Warten auf einen Menschen, mit dem die Erwartung verknüpft ist: «Nur wenn er da ist, bin ich. Sein Dasein würde mir das meine geben.» Dem Depressiven erscheinen die Jahre wie ein unendlich langer Tag, denn sie sind die Wiederholung immer desselben. «Ich bin nichts», «alles ist nichts», «nichts geschieht». Angst, Verzweiflung lassen die Zeit untergehen. Das Untergehen der Zeit ist die negative Parallele zu ihrem Versinken. «Ich könnte weinen bis zum Ende meiner Tage»: die Unzeitlichkeit des Erschütterten, der keinen anderen Zeithorizont mehr sieht als denjenigen des Weinens. Ein junges Mädchen träumt nach ihrem ersten Diskobesuch, der sie ein wenig durcheinandergebracht hat, von einem Tanzzwang: sie müsse immer, immer tanzen. Ein Mann hat starkes Zahnweh und träumt: «Das Leben ist reiner Schmerz; er kann nur so unterbrochen werden, daß ich manchmal wiedergeboren werde als Fritz.» Er heißt nicht Fritz, Fritz ist eine fremde Identität, die er annehmen muß, um aus seiner Schmerzidentität herauszufinden, in der er untergegangen ist. Auch hier finden wir das Phänomen des Zeithorizonts, an dem nichts steht als das, was jetzt ist. Wenn ein Kummer so groß ist, daß er «die Seele zerreißt», steht die Zeit still; auch wenn das Herz «vor Schreck stillsteht». Manche Menschen erstarren in einem ursprünglichen Erschrecken vor der Welt so sehr, daß alle Bewegung und Zeit für sie nur noch äußerlich sind. Das Gefühl der Ohnmacht, ihr sich totstellen, lassen sie sich nicht mehr rühren. «Wenn ich mich genau spüre, ist es so: Ich sitze tief verschreckt in einem Winkel und schaue allem nur noch bewegungslos zu.» Das Ende solcher traumatischen Trancezustände ist mit dem Gefühl verbunden: «Endlich taucht wieder Zeit auf.»

Gute langsame Zeit: Dieses Zeitgefühl tritt in einem Selbst auf, das von einem hohen Maß der Einheit mit sich und der Welt getragen ist. Es steht dem Gefühl der Nichtzeitlichkeit nahe. Diese setzt sich gewissermaßen «langsam in Gang». Wenn wir etwas intensiv erleben, können wir das Gefühl haben: «Erst drei Stunden vergangen?» Die gute Langsamkeit der Zeit ist ein Zeichen ihrer Erfülltheit. Aus einer anderen Zeitperspektive können wir hinterher freilich sagen: «Alles ist viel zu schnell vergangen», gemessen an dem Ideal, daß es nie hätte vergehen sollen. Einmal waren wir in einem Erleben, das beinahe aus aneinandergereihten «Ewigkeiten» zusammengesetzt war, einmal sind wir aus ihm wieder herausgefallen. Auch «Schritt für Schritt», «langsam, aber sicher» ist eine Form der guten langsamen Zeit.

Schlechte langsame Zeit: Zwei Minuten eines Erdbebens erscheinen endlos. Die Arbeit der Feuerwehr kommt uns langsam vor, obwohl die Männer tun, was sie können. Das Feuer ist viel rascher als sie, würde noch viel schnellere Verrichtungen erfordern. Es geht nicht schnell genug. Eine Frau, die von einem Boot ins Wasser fiel und von Ästen eines dort liegenden Baumes festgehalten wurde, so daß sie fast ertrunken wäre, erzählt, die Zeit des Kampfes ums Überleben sei ihr sehr lange vorgekommen. Im ersten Beispiel vergehen Bewegung und Zeit zu langsam, laufen zu langsam in die Vergangenheit. In den beiden anderen Fällen laufen sie zu langsam in die Zukunft. Nicht nur wenn äußere Tätigkeiten nicht rasch genug sind für ein Ziel, wie eine Errettung, auch wenn das Selbst «hinter sich herhinkt», geht alles zu langsam. Seine Bewegung ist zu gering, als daß es hoffen dürfte, sich jemals zu erreichen: Schnecken-Selbst.

Gute rasche Zeit: «Ich habe das Dreifache dessen getan, was ich üblicherweise in einer Stunde tue. Alles flog mir zu.» Denken wir auch an die zeitraffenden Lebensfilme von Sterbenden. In einer «gegebenen Zeit», gemessen an der Norm des Üblichen, laufen mehr Bewegungseinheiten – intellektuelle, motorische, Erinnerungsbewegungen – ab, als diese es sonst erlaubt.

Schlechte rasche Zeit: Dieses Zeitgefühl tritt auf, wenn «die Zeit davonläuft», «alles zu schnell geht», Lebensressourcen ausrinnen, die Bewegung als zerstörend erlebt wird. Wer den Tod fürchtet, dem läuft die Zeit immer davon.

Die guten Zeitformen sind dem System Teilhabe, die schlechten dem ungetragenen Ich zugeordnet. Natürlich kennt auch das System Teilhabe die schwierigen Gefühle, aber es wird von ihnen nicht verschluckt. Angst und Traurigkeit sind eingebettet. Es blickt daher über sie auf den Horizont einer anderen Zeit hinaus, die kommen wird. Das System Teilhabe ist geduldig, selbst wenn die äußeren und inneren Bewegungen, die der Angst, der Ungeduld, der

Selbstüberforderung des Leistungs-Ichs zu langsam erscheinen, streckenweise «auf sich warten lassen». Denn es ist sicher, daß sie «zu ihrer Zeit» da sein werden. Wenn nicht eintritt, was das Selbst sich vorstellt, so weiß es dennoch: Alles «geht seinen richtigen Gang». Das System Teilhabe hat immer Zeit: genügend Zeit, für die «gesorgt ist»; Zeit für das Notwendige. Denn das Notwendige hat Zeit für es.

Die Trance neigt zur Zeitlosigkeit. Auch das kleine Kind lebt im Jetzt; dessen Zeitaußenwelt, Vergangenheit und Zukunft, lernt es erst langsam hinzu. Ganz fremd ist ihm die gleichschaltende Uhrzeit: «Eine Minute ist eine Minute». Auch im Traum überwiegt das Jetzt. Vergangenes ist meistens gegeben als «jetzt». «Heute Nacht war ich weit zurück, in einer sehr alten Zeit»: Dieses Vergangenheitsgefühl fügen wir dem Traum gewöhnlich erst nach dem Erwachen hinzu. «Ich erinnere mich», «ich plane» kommen im Traum selten vor. Das Ich plant seine eigene Wirklichkeit im Rahmen des Jetztgefühls.

Auch der Primitive lebt mit einem starken Jetztakzent. Fast alle primitiven Sprachen sind arm an Mitteln, zeitliche Beziehungen wiederzugeben. Das Vergangene ist dem Primitiven nicht etwas, das «dort hinten» auf der Zeitlinie liegt. Er kennt nicht unseren Zeitraum, in dem die Zeitlinie läuft. Sein Zeitraum ist eher eine Schichtung von Gegenwärtigem. Das Vergangene ist der tragende Hintergrund, das Gegenwärtige der teilhabende Vordergrund. Es hat den Charakter der tätigen Wiedererinnerung, der Wiederholung, ist ein Anhängsel der «Traumzeit». Diese ist das Jetzt der mythischen Urbilder, Geschehnisse, Taten der Ahnen. Sie waren nicht, sie sind nicht tot, sie sind. In der Gruppenseele des Stammes, in allem, was er fühlt und tut, werden sie ständig wiedergeboren. Der Primitive ist mit seiner Vergangenheit verbunden wie ein Relief mit der Wand und auch nur so abgehoben von ihr.

Wir hätten ein ähnliches Zeitgefühl, wenn wir die Modelle unserer Gegenwart ähnlich wiederholten. Aber das stärker sich differenzierende Ich springt eines Tages von der Wand; das ungetragene Ich hatte nie eine ausreichende Wand. Jedoch sagen auch wir unbewußt: «Das erste Haus, in dem ich wohnte, ist *das* Haus. So muß ein Haus sein.» Alle späteren Häuser sind seine Abwandlungen. Heben sie sich zu stark ab, so mögen sie auf Ungläubigkeit treffen. Ist das Urbild schlecht, so mag das Ich es nur mißtrauisch – ob sie ihm zustehen, es nicht täuschen – durch bessere Nachfolger ersetzen. Ist es gut, akzeptiert es seine verschlechterten Formen nur widerwillig, ein wenig wie einen «bösen Traum». «So ist doch ein Haus nicht!» Irgendwie wohnen wir immer im ersten Haus; es ist ein Jetzt, aus dem wir niemals ganz auszuziehen.

Das Unbewußte ist zeitlos, sagt Freud. Dies hat noch eine andere Seite. Solange ein zentrales Bedürfnis, ein Wiedergutmachungswunsch nicht befriedigt werden, «bleiben sie stehen». Ein ungetröstetes Weinen weint heute noch; die Physiognomie zeigt es manchmal. Bedürfnisse, die nach Gerechtigkeit verlangen, bilden ein forderndes Jetzt, sind von der Veränderung abgeschnitten. Erst Empathie und Handlungen, die ihnen gerecht werden, bringen Bewegung in sie, erlauben es ihnen, neue Gestalten anzunehmen.

Die Zeit bewegt sich auf dem Boden der Zeitlosigkeit. Seine unterste Schicht ist die unbewegte, tragende Leere. Die Zeit bewegt sich auch aus der Zeitlosigkeit heraus. Mit der Austreibung aus dem Mutterleib entsteht Zeit, vielleicht schon in ihm. Zeit bildet sich, wenn das Kind sich von den Zuständen reiner Erfüllung trennt und die Welt erobert. Zeit taucht wieder auf, wenn wir Mutterfelder verlassen und «unseren Lauf» fortsetzen. Aber das Zeitlose, von dem wir weggehen, bleibt; wir existieren immer zweischichtig. Manchmal sind uns beide Schichten eigentümlich zugleich bewußt. Alles Gute ist in einem Zeittresor aufbewahrt.

Hier sitze ich, unter den goldenen Lärchen.
Ich werde immer hier sitzen,
Obwohl ich jetzt aufbreche
Und niemals wiederkehre vor meinem Tod.

Es gibt das Gefühl: Alles Vergangene ist wie auf einem noch nicht geschlossenen Zeitkreis um mich herum angeordnet. Ich kann zu jedem Zeitort, der auf ihm liegt, hingehen, wie ich zu Raumorten gehen kann. Mit einem «totalen Schritt» könnte ich mich auch auf alle Zeitorte gleichzeitig stellen. Für das Alltagsbewußtsein ist «jetzt» nur der jeweils letzte Jetztpunkt der Zeit. Für ein umgreifenderes Bewußtsein umfaßt das Jetzt mehr. Wir können auch das Bild des Zeittropfens verwenden. Er ist eins, ruhend. Aber betrachten wir ihn mikroskopisch, so zeigt sich ein Kleinleben von Molekülströmen. Das sind die Tage, Monate, Jahre im langen Jetzt.

Das Erlebnis der Zeitschnur: Ich streiche den Zaun mit dem Gefühl, als wäre das letzt Streichen nicht vor vier Jahren, sondern gestern gewesen. Meine Malerzeit mit dem Zaun blieb tatsächlich damals beim letzten Pinselstrich als ihrem Gestern stehen: Zaunzeit, eine besondere Zeitschnur, erst heute wieder verlängert. «Es ist, als hätte ich Karl gerade erst gesehen. Die fünf Jahre, in denen ich ihn nicht traf, sind wie nichts»: meine Privatzeit mit Karl, meine Karl-Zeit. «Gerade erst blühte dieser Busch.» Die Buschblütezeit löscht die Monate zwischen dem Blühen im vergangenen Jahr und dem heutigen. Aber da war doch die Zeit des Abschieds vom Blühen damals, die Winterzeit des leeren Buschs, die Zeit des Wartens auf das neue Blühen. Nun, das Zeitschnurbewußtsein ist ein dissoziatives Zeiterleben. Es löst nur jeweils eine Schnur aus dem ganzen Zeitseil heraus. Abschied, Warten bilden eine andere Schnur. Die glückliche, die unglückliche Schnur zum Beispiel werden voneinander getrennt. Für ein integrierendes Zeitbewußtsein dagegen ist der ganze Vergangenheitsablauf ungesondert gegenwärtig. Es gibt kurze Zeit-schnüre, aus wenigen Erlebnissen, und lange. Ob kurz, ob lang ist auch eine Frage der Augenblicksoptik. Manchmal erscheint die Glücks-Zeitschnur kurz, die Unglücksschnur lang; dann wieder stellen sie sich umgekehrt dar. Bin ich jetzt so unglücklich, daß ich nichts als Unglück sehe, habe ich sogar nur die Unglücks-Zeitschnur in der Hand. Ein trauri-ges Erlebnis meiner Kindheit steht mir näher als ein glückli-ches gestern, an das ich nicht mehr glauben mag. Alles Glückliche ist «gewesen», die Glücks-Zeitschnur mir ent-fallen.

Trancesphären

Nur die Wahrnehmung-die-nichts-will läßt das Selbstge-gebene hervortreten. «Sie will nichts» heißt: das Ich will nichts. Im Leistungssystem registriert das Ich etwas, dann will es etwas. Ich registriere etwa einen Schmerz im Genick und drehe ungeschickt den Kopf hin und her, damit er verschwinde. Das Teilhabe-Selbst aber nimmt den Schmerz wahr, seine Wahrnehmung hüllt ihn ein. Sie will nur so etwas wie die Sonne: Der Bauplan ist im Samen, sie wärmt ihn; er wird, was er selbst werden will. «Wenn du Schmerzen willst, Genick, bestehe auf ihrer Botschaft. Wenn nicht, rück dich selbst zurecht.» «Laß mich sein», sagt jemand, dem Gewalt angetan wird. Die Wahrnehmung-die-nichts-will läßt sein, übt keine Gewalt. Sie hat einen – gegenüber der Leistungseinstellung – revolutionären Zauber. Wir können etwa versuchen, beim Gehen nacheinander alle Körperteile «sein zu lassen», sie als freie «Herrschaften» einzusetzen. So läßt sie die innere und äußere Welt frei, aus dem Griff des Ichs. Die Welt beginnt zu strömen. Aus stehenden Fakten, ineinander verbissenen Widersprüchen werden fließende Aspekte. Jene Wahrnehmung kennt die Auftrennbarkeit der

Dinge. Sie wirft alle Dinge zuerst in die Leere, vergißt, was sie sind. Sie atmet alle Dinge aus: sie sind nichts. Dann atmet sie sie wieder ein, und sie sind etwas, neu, sie überraschen. Sie wirft das Weltmobiliar immer wieder in den Fluß. Der Fluß urteilt nicht. Diese Qual kennt er nicht. Sie nennt auch nichts «gut» oder «böse», wie es die Kinder tun, wenn sie den Tisch «böse» schelten, weil sie sich an ihm stoßen. Mit «gut» und «böse» will das Ich etwas. Die Wahrnehmung-die-nichts-will sagt: «‹Ich füge dir Schmerzen zu›, ‹du fügst mir Schmerzen zu›. Urteilen wir nicht, lassen wir die Schmerzen über uns sagen, was *sie* wollen.»

Auf mittelalterlichen Bildern gibt es Heilige und Engel, die Tranceaugen haben. Ihr Blick ist nirgends und überall. Sie scheinen nichts Bestimmtes und doch viel zu sehen. Es scheint, sie können in die Sonne schauen. Es gibt einen Ganzheitsblick, der nicht wandert, der zuerst das Ganze und in ihm das einzelne sieht. Er kann überall hinschauen, in die Erinnerung, die Gefühle, in die sinnliche Welt, den Körper, Trauer und Freude, Sohle und Scheitel zugleich wahrnehmen. Er ist eintauchender als der Alltagsblick, obgleich sein Gegenstand aus dem alltäglichen Status seines Außenseins zurückgezogen wird. In diesem Blick erscheint die Welt subjektiver und zugleich lebendiger. Zuerst ist dies vielleicht etwas unheimlich. Es ist aber eine typische Tranceerfahrung. Sie tritt auch auf der ersten Bewußtseinsmatrix auf: Die Versuchsperson «kann sich selbst und die übrige Erscheinungswelt zugleich als existierend und als nichtexistierend wahrnehmen».[61]

Der Atem: Wenn ich einen Atemkörper habe, erscheint der Fleischkörper grob; jener grundlegender, dieser beiläufiger.

Die Atemsäule ist dem Rückgrat verwandt. Sie richtet auf.

Der Atem hat keine Bilder von der Welt, auch keine von mir.

Der Atem ist mütterlich. Atme ich, muß ich mich an nichts anklammern.

Wenn ich Sorgen habe, atme ich. Ich weiß dann: Alles ist da.

Der Atem ist wie ein selbständiges Wesen, das mich bewohnt. Das Atemtier. Z.B. Atemschlange, sich ins Herz ringelnd.

Wir überlassen uns im Ausatmen. Ebenso im Einatmen: wenn die Welt wiederkehrt.

«Ich entdeckte, daß ich nur aus Konvention einatmete; es aber nicht wollte. Lieber wäre ich beim Ausatmen stehengeblieben: bei den Toten, die neidisch und zärtlich sind. Später stellte mich das Ausatmen auf die Erde, führte mich nicht mehr unter sie. Auf der Erde stehend atmete ich ein.» – «Ich will nicht einatmen aus Angst, daß nicht genug Luft für mich da ist.»

«Ich entdeckte, daß alles Ungute – Angst, Mißtrauen, Haß – sich unter meinem Schädeldach sammelte. Ein Abfallhaufen. Ich bin mit einem Menschen zusammen, mißtraue ihm, tue ihm Unrecht. Ich atme in den Abfallhaufen. Das Mißtrauen weicht. Der Atem löst ein Problem.» Nicht Vernunft, Moral, Analyse. Wenn Kant, wenn Freud das wüßten.

Es ist eine eindrucksvolle Grundlage für das Trancelernen, sich eine Form der Bewegungstrance anzueignen. Die freigegebenen Bewegungen sind selbständig wie Atemzüge, wie Träume: Körpereinfälle. Die Bewegungstrance kann als Modell für andere Trancesphären wirken. Wo anfangen ist grundsätzlich gleichgültig, für den einzelnen freilich nicht; denn er steht gewöhnlich einer Tranceebene näher als einer anderen.

Die rudernden Arme des Säuglings, die – ohne daß ein Ich sie lenkt – doch Richtung und Ziel annehmen: ein gewisses Naturmodell der Bewegungstrance. Freilich, das Ziel der Arme ist hier eine bestimmte Aktivität, etwas greifen, den

Mund finden. In der Bewegungstrance liegt das Ziel, wie beim Traum, darin, daß das Selbst sich ausdrückt. Der Tiefenleib findet aus sich die kosmischen Mysterien, in kleinsten Bewegungsabläufen und Positionen.

Sich in die Hüften werfen: Mädchen-Karyatiden, die tragen; Festes, das quillt.

Den Körper ins Rückgrat legen: wie eine Frau sich in die Mondsichel legt.

Der giftige Apfelschnitz, der Schneewittchen den Atem nahm, so daß es starr lag. In der Trancebewegung kann dieser Schnitz – das Ich – plötzlich aus dem Hals schießen.

Wenn ich einen steilen Berg hinuntergehe und dem Körper sage «Geh in Trance!», so werden sofort die Knochen weich und schmiegsam. Das Gestellhafte des Körpers, das leicht ins Rutschen gerät – wogegen er wieder steif abbremst –, verschwindet.

«Ich möchte gern zugleich die Augen schließen und hinausschauen.» Das ist, abgewandelt, möglich. Wenn der Leib sich rhythmisch bewegt, erzeugt er eine Art Dunkelheit. Sie ist wie eine Nacht, auf deren Hintergrund Gegenstände scharf hervortreten können. Nicht immer sind in der Nacht alle Katzen grau.

Gegen die Trance gibt es Widerstände; sie macht sie offenbar. «Ich bewegte rhythmisch den Kopf; am nächsten Tag hatte ich eine Halsstarre. Das war gut, sie machte mir meine innere Steifheit deutlich.» «Ich merkte, daß ich mit den Beinen nur herumhampelte wie ein ‹Kopffüßler›, als wären sie am Kopf aufgehängt und berührten den Boden nur scheinbar. Später wurde ich ein ‹Hüftfüßler›.»

Die Schwerkraft zieht den Arm des Geigers und seinen Bogen nach unten. Er muß das nicht machen. Der Ich-Geiger kennt sie aber nicht.

Das Gleiten beim Skilanglauf. Wenn wir es «werden», ergreift es auch den Augenblick, in dem wir uns abstoßen. Es schwärmt auf alle möglichen Lebensgebiete aus.

Die Trance befreit den Imaginationsleib. «Ich sitze auf einer schwarzen Sonne; mein Sitzen reicht in die Unterwelt. Eine schwarze Sonne kaut mein Herz, spöttisch, genüßlich: ‹Ich kaue das Schlechte aus dir heraus.› Ein schwarze Sonne liegt wie eine Kappe auf meinem Kopf. Sie hat es am schwersten, zu mir durchzudringen. Ich fühle mich wunderbar klein unter diesen Sonnen.» «Am Boden meines Körpers wohnt eine Schlange. Sie ist mit vielen Scham- und Fruchtbarkeitslippen geschlitzt. Ihre Zunge wandert von einer zur anderen. Einmal rotierte sie in einem Ei, sprengte die Schale, richtete sich in der Wirbelsäule auf. In meinem Herzen sind zwei Schlangen zusammengerollt. Eine hat grüne Augen, in ihnen steht Mitleid. Schaue ich sie an, werde ich mitleidig. Die andere hat rote Augen: Leidenschaft. Eine Kobra ist hinter mir, halb außerhalb, halb Teil von mir. Sie stellte sich als die ‹Rächerin› vor; dabei lachte sie, denn dieser kriegerische Name verbarg etwas Sanftes. Überhaupt lachen die Schlangen viel. Als ich in großer Not war, verschluckte mich die Kobra: ‹Ich werde dich verdauen und an irgendeinem Ort der Welt ausscheißen, so geformt wie ich es will›, sagte sie.»

Der Körper kann in der Imagination verschieden gefaltet, das Herz auf den Bauch, das obere Ende der Wirbelsäule auf das untere, die Schamhaare auf die Haupthaare gelegt werden. Der Kopf, der «Denkknochen», bekommt Lungen, wenn beide zueinanderrücken. Die Trance kann in den Körper einen zweiten, auf dem Kopf stehenden Körper einzeichnen. Er hat die Füße oben, am Himmel; den Kopf unten, auf der Erde. Der Doppelkörper geht zugleich auf der Erde und auf dem Himmel. Der eine steht kopf auf der Erde, der andere auf dem Himmel. Das Kopfstehen ist eine alte Methode der Bewußtseinsveränderung.

Sich andererseits ganz bildlos auf den Körper, oder Teile von ihm zu konzentrieren, hat eine eigene Kraft.

Der Tod trägt

Der Tod im System Leistung: «Würde ich sterben, wäre meine Allmacht weg. Etwas würde mit mir gemacht. Ich bin gewöhnt, etwas mit anderen zu machen.» Was macht das Sterben mit dem Leistungs-Ich? In ihm werden Ding und Gegending zum reinen, wehrlosen Ding. Die Vergangenheit verfolgt den Sterbenden mit Leere, die Gegenwart mit Schmerz, in der Zukunft stehen die posthumen Verfolger. Wie der Tod das lebende Ich verfolgt, so die Überlebenden den Toten: Die Teufel – diese äußersten Schreckensphantasien des Schlechtigkeitsgefühls –, sicher aber die Menschen. Im Kampf der Narzißmen ist der Tote der Besiegte. Manche alten Leute lesen gern Todesanzeigen: Jeder Tote bedeutet für sie einen Sieg im Spiel der Todvermeidung – sie leben. «Über Tote nur Gutes», diese Regel ist für das Leistungs-Ich nur ein Symptom dafür, daß die Regel der Verfolgung des Toten, wenigstens durch Vergessen, gilt. «Wir werden ihn niemals vergessen.»

Die Maschine funktioniert, oder sie funktioniert nicht mehr. Eines Tages ist das unvermeidlich. Die Übermaschine «Tod» – Sensenmann, Verwesung, Totenkopf, Totengerippe – ist immer die stärkere. Im glücklichsten Fall entschlüpft ihr der Mensch mit der Hoffnung auf einen «ewigen Lohn».

Für das Leistungs-Ich ist der Tod, was er für die Angststämme unter den Primitiven war: Mord, Totschlag. Im allgemeinen fühlt es sich freilich abstrakter vom Tod verfolgt als sie. Was tötete dort? Ein böser Geist, ein Tier, ein Zauberer, ein ungut gesinnter Mensch, ein Verstorbener, der nicht richtig behandelt wurde. Daher gab es in Afrika zahlreiche Prozesse wegen Hexerei: Jagden auf einen Sündenbock, als könnte mit seinem Tod das Sterben vertrieben werden. Der Tod war kein natürliches Ereignis, sondern ein gewaltsames im sozialen Raum. Auch bei uns tötet der Mensch den

Menschen, oft versteckt: Ein Familiensystem kann Krebs in einem seiner Angehörigen produzieren, durch Krebs töten.

Das Leistungs-Ich kann sich nicht zum Subjekt seines Todes machen; es kann nur versuchen, sein Gegending zu sein. Doch der Tod kann nicht getötet, sondern nur verleugnet, durch Sterbeunsitten vertuscht werden. Die Verfolgung durch den Tod kann als Gegenverfolgung eines in anderen personifizierten Todes zurückgegeben werden. »Weil ich sterben muß, sollst du sterben.« Zu den verfolgten Verfolgern gehören manchmal Tote, in deren Schatten ein Mensch geboren wurde und lebt. Lebt? Die Schuld, einen Toten nicht ersetzen zu können, oder ihn überlebt zu haben, der erfolglose Zwang, beweisen zu müssen «Warum er, nicht ich?», lassen kein Leben aufkommen und die Toten mögen mit der Leiche des Selbstmörders bestraft werden, die ihnen zugeworfen wird. Über den Tod ist nur der kleine Sieg möglich. Die Weltmächte lassen ihn sich viel Geld kosten. Die andere einen Augenblick früher auszurotten, bringt die Befriedigung des Mörders. Es erspart, für Sekunden, die Schande, der Ermordete zu sein.

Das System Gegending – der Besitzer – reagiert böse darauf, von seinem Körper, dem unmittelbarsten Nutzding, von anderen, die «einfach wegsterben», «sich in die Büsche schlagen», verlassen zu werden. Mit ihnen verliert es Anklammerungsobjekte. Seine Besitztümer dürfen nicht sterben. «Wenn ich dich noch töten könnte, würde ich dich dafür umbringen, daß du gestorben bist.» Wer stirbt, verdient die Todesstrafe. Es ist dem Menschending auch verboten, sich selbst zu töten. Plato: «Wie denn auch dieses ... mir ganz richtig gesprochen scheint, daß die Götter unsere Hüter und wir Menschen eine von den Herden der Götter sind ... Also auch du würdest gewiß, wenn ein Stück aus deiner Herde sich selbst tötete, ohne daß du angedeutet hättest, daß du wolltest, es solle sterben, diesem zürnen, und wenn du noch eine Strafe wüßtest, es bestrafen.»[62] Tod von eigener Hand ist ein Eigentumsdelikt. Im Römischen Reich war es den Freien erlaubt, sich zu töten, den Unfreien, Sklaven, Verbrechern nicht. Im Mittelalter wurden Selbstmörder noch einmal getötet; man trieb ihnen einen Pfahl in die Brust. Herrscher vieler Kulturen ließen sich mit Gefolgsleuten, Frauen, Pferden begraben. Sie starben und mordeten angeklammert, um im Tod nicht allein zu sein. Ein Zerrbild der Teilhabe.

Das Gegenstück zum gefürchteten Tod ist die faule Todessehnsucht: der Tod als Verlockung, als Abenteuer. «Ich traue mich nicht zu leben. Ich mache mich high, indem ich Berichte über Todesnäheerfahrungen lese. Ich suche im Tod, was ich im Leben nicht finde. Nicht zufällig stelle ich mir den Tod manchmal als schöne Frau vor.» Auch hier das Sterben ein Zerrbild der Teilhabe, unter Umgehung des Lebens. «Ich habe Angst vor Zugehörigkeit. Ich will lieber sterben als Zugehörigkeit annehmen. Mein Tod wäre, das Sterbenwollen aufzugeben. Ich muß lernen, das Leben zu akzeptieren und dann auf einen wirklichen Tod hin zu leben.» Manche Menschen denken immer an den Tod, meditieren ihn; aber wenn wir genau hinsehen, nur, um sich vor dem Leben zu schützen. «Wie soll ich leben, wenn doch alles jederzeit aus sein kann?» Viele sind neidisch auf die Toten, die nichts mehr leisten müssen. Einige brauchen immer wieder tödliche Krankheiten, begeben sich in Todesgefahr, in Situationen des «Gottesurteils». Wenn der Tod sie laufen läßt, oder sie ihn besiegt haben, antwortet das Orakel: «Du darfst leben.» Aber es dämpft die Zweifel an ihrem Lebensrecht nur vorübergehend. Sie hören die Botschaft, sie glauben sie nicht. Auch das ist ein faules Spiel mit dem Tod. Alle, die glauben, sich mit dem Sterben trösten zu müssen, schämen sich im Grunde dafür. Die Gegenposition: «Wenn ich durch die Bombe ermordet werde, möchte ich, daß sie in einem Augenblick fällt, in dem ich leben will. Ich würde mich dafür schämen, sie als Tröstung zu empfangen.»

Der Tod im Teilhabesystem: Es gibt auch eine andere Form der Todessehnsucht, diejenige von Menschen, die eine Naherfahrung des Todes hatten und ihn darin als tragend erlebt haben. Sie sind freilich um ihre Aufgabe, das Leben wieder anzunehmen, nicht zu beneiden. Möglich, wie ein Gynäkologe mir sagte, daß schon Kinder in der Geburtsphase und Babies solche Erlebnisse haben. Er meinte, sie könnten späteren Suchtcharakteren zugrundeliegen. Eine Freundin war in ihrem vierten Lebensjahr wegen einer Gehirnhautentzündung eine Weile blind. Sie sah in dieser Zeit ein wunderbares Blau. Ihre Mutter war verwundert, daß das Kind unfroh war, als es wieder sah. «Vielleicht war ich todesnah. Ich bin sicher, ich werde dieses Blau wiedersehen.» In der Therapie können Menschen an den Punkt kommen: «Ich will sterben, ich will nicht immer kämpfen.» «Ich will nicht leben. Leben heißt Schmerz zufügen, töten.» «Ich will nicht leben. Leben heißt getötet, gefressen, im Stich gelassen werden.» «Ich weiß bis heute nicht, ob das Leben mich erwählt hat; ob ich leben darf oder nicht.» Solche Gefühle und Einsichten in die tödlichen Seiten des Lebens und die Todeswünsche, die aus ihnen entspringen, können wichtige Krisenpunkte sein und einen Neubeginn einleiten.

Ist der Tod Freund oder Feind? Haben wir in ihm ein Stück Natur, das uns trägt, wenn wir uns zu ihm verstehen? Die Biologie sagt: Tod – das Wort meint hier die Auslöschung des Individuums, obgleich die Biologie streng genommen nur über das Ende des Körpers spricht – ist ein Aufhören der biologischen Prozesse. Es stammt aus Rückbildungsvorgängen, die durch das Altern der Gewebezellen verursacht und «ganz natürlich» sind. Was heißt hier «natürlich»? Vielleicht ist es so natürlich: «Neapel sehen und sterben.» Vielleicht gehört der Tod nicht zu Alter und Verfall. Ist etwas natürlich, weil es der ausnahmslose statistische Normalfall ist? Außerdem: Das biologisch Natürliche ist historisch mitbedingt. Je nach Ernährung und medizinischem Standard ist es «natürlich», im statistischen Mittel 35, 50 oder 77 Jahre alt zu werden. Wird das Natürliche von den Zufällen, Segnungen, Grausamkeiten dieser Standards bestimmt? Die – historisch mitgeformte – biologische Natur scheint keine tragende Todesinstanz, der wir uns ergeben könnten, keine Prämisse zu sein, aus der das Natürliche hinreichend abgeleitet werden kann. Analog ist auch die Tatsache, daß aus dem Geschlechtsakt «natürlicherweise» Kinder hervorgehen können, kein stichhaltiges Argument gegen chemische Verhütungsmittel; die katholische Kirche gebraucht es. Denn dabei wird das von der biologischen Natur Gegebene zum obersten Maßstab. Es gibt einen übergeordneten: das dem Selbst, in seinen vielen Gestalten, Angemessene ist das Natürliche. Der Wiedergeburtsglaube der Völker fügt sich der biologischen Norm nicht. Der Selbstmörder achtet sie nicht. Der Staat, der die Todesstrafe kennt – ich verteidige ihn nicht, gebe nur ein Beispiel für das faktische Bestrittensein der biologischen Todesnorm –, hält sich nicht an sie. Er ordnet ihr über, daß ihm das Lebensrecht eines Menschen verwirkt erscheint; wie der Unsterblichkeitsglaube ihr ein bestehendes Lebensrecht entgegensetzt.

Welches Motiv hat die Natur für die Begrenzung der Lebensressourcen? Die Entwicklung der Arten. «Der Tod ist ihr Kunstgriff, mehr Leben zu haben.» (Goethe) Alle Lebewesen sind Experimente der Natur auf ihrem Evolutionsweg. Er verlangt ihr Verschwinden, damit neuen Mutanten Platz gemacht wird. Das Haus der Natur mit seinem begrenzten Raum muß immer wieder geleert werden. Das Individuum, «das kopuliert hat, hat damit den ersten Schritt getan, sich überflüssig zu machen. Es gibt Spinnenweibchen, die das noch kopulierende Männchen aufzufressen beginnen.»[63]

«Kurzlebigkeit der Individuen ist ein Selektionsvorteil für die Art, denn sie beschleunigt die experimentierende Generationenfolge.» Dabei ist das Tempo des Alterns «faktisch auf das Tempo der Ontogenese, der Individualentwicklung abgestimmt. Die Eintagsfliege kann nach einem Larvenstadium und einem Hochzeitstag sterben. Der Mensch lebt lange, weil seine Kinder seiner lange bedürfen.»

Weigert sich ein Experiment der Natur, seinen Platz zu räumen, so entsteht der Konflikt des Ödipus und des Laios, seines Vaters. Der Vater fürchtet den Sohn, den heraufdrängenden Versuchswurf der Natur. Laios läßt den kaum geborenen Sohn aussetzen – die Mutter tut es für ihn, wird dafür später «geschändet», muß geben, was sie vorenthalten hat. Laios wird von Ödipus getötet. Die Tötung ersetzt die Todesbereitschaft.

Ist das freiwillige Platzmachen, der ökologische Tod, durch den wir an der Evolution der Natur teilhaben, ihr unser Nichtsein geben, nachdem wir ihr unser Sein gegeben haben, das Sterben, das trägt? Sollten wir uns von den «Immortalisten» Amerikas nicht anstecken lassen, die behaupten, das Sterben, wie das Schlafen, sei ein untauglicher Problemlösungsversuch, jeder Tod Selbstmord, der Mensch sterbe nur aus Gewohnheit, es gebe Bewußtseinstechniken, sie abzulegen? Sollten wir nicht neidisch sein, wenn wir daran denken, daß die Wellen unserer Fernsehprogramme, die heute unsere Erde verlassen, Millionen von Jahren im Weltall fortexistieren, in fremden Galaxien empfangen werden können, und uns nicht «im Recht» fühlen, wenn wir glauben, daß was ihnen beschieden, auch uns angemessen ist: Fortleben? Sollen wir dem Philosophen Feuerbach folgen, der den Unsterblichkeitswunsch nicht zu den natürlichen Wünschen rechnet? Wenn ich aber ein Aschenhaufen bin, werde ich nicht einmal das wissen. Ich werde über die Unsterblichkeitsfrage gegrübelt haben, die Realität entscheidet sie auf eine Weise, die mich diese Entscheidung nie erfahren läßt. Darf das nicht

gegen meinen Stolz gehen? Daß ich im Tode vieles unabge-
schlossen aufgebe, weil es im Leben niemals abschließbar ist,
darf das keinen Widerstand in mir wecken, sogar dann, wenn
ich an die Möglichkeit denke, «lebenssatt» – statt, wie eher
üblich, «lebensmüde» – zu sterben? Die Entscheidung ist
schwer: Kann ich mich in der ökologischen Todesnotwendig-
keit allein geborgen fühlen? Will ich – da das Wissen schweigt
– sein Vakuum mit dem Glauben an das Fortleben füllen?
Beruht er auf einem Glaubensrecht, da jenes allein mir
gerecht wird?

Es gibt eine andere Perspektive auf den Tod, die von den
Brüdern des Todes gezeigt wird, den Phänomenen der Transformation. Dem Schlaf folgt das Erwachen. Ein anderer
Todesbruder ist der Zweifel, durch den wir eine alte Haut,
einen altgewordenen Überzeugungskörper abstreifen, um
dann in einen neuen zu schlüpfen. Eine Schwester des Todes
ist die Sackgasse. An ihrem Ende, wo es ganz schmal wird,
können wir uns nicht mehr vor- und zurückbewegen, der
Atem bleibt weg, wie im Tod. Wenn sie in der Therapie
auftritt, kündigt sie eine Wandlung an. Auch der «kleine
Tod» des Orgasmus ist ein Lebensereignis. Schließlich der
Abschied, auch ein Sterben. Er wird von einer Gestalt des
Selbst verlangt, wenn sie zu ihrem Ziel gekommen ist. Im
rechten Abschied gewinnen wir, was wir verlieren, und wir
öffnen uns für das Neue. In unseren Tränen vergegenwärti-
gen wir uns das Gute, das die abgestorbene Gestalt war,
zugleich sind sie ein Fluß in die Zukunft. Die Abschiedswut
dagegen frißt das Gewesene weg, es wird entwertet – «Was
war es schon, ein Betrug!» –, und sie verschließt gegen das
Neue; wir bleiben an dem hängen, was wir schlecht machen.
Wenn das Sterben in Tränen die Vergangenheit des Lebens
noch einmal gewinnt, schenkt es nicht zugleich auch ein
neues Leben? Wenn alle Transformationsphänomene solche
des Lebens sind, warum nicht auch der Tod? In den Augen-

blicken, die uns die Klarheit geben, daß die vom Leben angesponnenen Sinnfäden nicht zu einem Ganzen zu verbinden sind, die Sinnstruktur «Leben» unvollkommen bleiben muß, leben wir instinktiv auf einen notwendigen endgültigen Abschied hin, erfinden gewissermaßen den Tod immer wieder neu. Dürfen wir an diesen Todeswillen nicht auch das Gefühl knüpfen, es wäre natürlich, wenn eine Transformation die Sinnfäden sich weiterentwickeln ließe, und zwar nicht nur auf der Ebene der Art – deren Entwicklung im übrigen ja keineswegs sicher nach oben geht –, sondern auch auf derjenigen des Individuums? Läge darin nur eine mangelnde Bescheidenheit des Individuums? Sicher macht es mißtrauisch, wenn jemand das «ewige Leben» unbedingt haben muß. Vielleicht ist er zu anspruchsvoll, zu wehleidig, zu wenig hart im Nehmen der Leiden des Lebens. Vielleicht lebt er nicht, bleibt dem Leben zuviel schuldig – vielleicht zuviel «Schuld» schuldig –, sodaß es ihm zuviel schuldig bleibt. Aber es ist nicht zu verwerfen, wenn ich sage: Ich muß nicht fortleben, es macht freilich mehr Sinn, wenn es so sein wird. Es trägt mehr.

Ich bin mein Tod. Ein leichter Schwindel überfällt mich bei diesem Gedanken. Ich will den Abschied des Sterbens in dem Augenblick, in dem die Sinngrenze meines Lebens deutlich, das Leben zu schwer – vielleicht zu schwer an verfrühten Abschieden – geworden oder erfüllt ist. Stellen wir uns den Tod nicht als etwas Böses vor, das von außen gegen uns handelt. Das Prinzip Sterben macht das Leben ökologisch möglich, aber auch auf der persönlichen und kollektiven Ebene der notwendigen Gestalttransformation. Identitätsleichen, Beziehungsleichen, Wahrnehmungsleichen, Überzeugungsleichen, Glaubensleichen, Institutionsleichen, Verfassungsleichen: Das gehört zum Leben und ist nichts Böses, wenn wir uns nicht an die Leichen anklammern und sie rechtzeitig und angemessen bestatten. Warum ist in manchen Religionen das Symbol des Todesgottes ein hölzerner Phallus, warum liebt er dort Obszönitäten, so daß seine Gläubigen auf Friedhöfen tagelang Litaneien obszöner Worte rufen? Weil er der Statthalter des Lebens ist.

Es gibt keine Flucht vor dem Tod als in den Tod, die Tödin. Die reinigende Konfrontation mit ihnen macht gelassen gegen Verluste. Ich habe nichts zu verlieren, denn ich habe grundsätzlich schon alles verloren. «Das letzte Hemd hat keine Taschen.» Immer taschenlos leben. Sich vom Tod tragen zu lassen, entdinglicht, wie es auch die Sexualität in Liebe tut. Sie, weil ich geliebt werde, jenes, weil ich gegen «Liebesverlust» gleichgültiger werde. Ein Patient, der einen positiven Aidstest durchlief, träumte, er mache einen Banküberfall und stelle das Geld der Aidshilfe zu Verfügung. Er trat in eine Partei, in eine Gewerkschaft ein. Die Gewißheit des Endes belebt. «Mit dem Tod in der Tasche kann man festlich leben», sagte eine andere Patientin. Manchmal werden Perfektionisten, «Tugendhafte» durch die Begegnung mit dem Tod nahestehender Menschen «unmoralischer». «Tugend wird nicht belohnt, mein Bruder starb, mein Kind starb; wenn das Leben so etwas tut, ist mir auch alles erlaubt. Jetzt lebe ich, statt alles vollkommen zu planen und brav zu sein.»

Der Tod kommt oft schrittweise. Wir können in Träumen manchmal fühlen, «wie sterben geht». Es kommt vor, daß Menschen nach einer gefährlichen Krise das Krankenhaus weicher, weniger angeklammert, weniger herrschsüchtig verlassen. «Meine Mutter sagte ein Jahr vor ihrem Tod, als sie schon einmal so krank war, daß sie fast gestorben wäre, zu ihrem Mann, dem sie sich immer unterworfen hatte: ‹Du hast auch nicht immer recht.› Zu meinem Bruder, den sie immer verhätschelte: ‹Geh, werde ein Mann.› Zu meiner Schwester, die sie unterdrückte: ‹Wehr dich.›»

Manche brauchen die Nähe des Todes, um transformationsfähig zu werden. Das Leben besteht zu einem guten Teil daraus, daß wir uns die Bedingungen erarbeiten, die es uns erlauben, lebendig zu sein. Manchen Menschen ist diese Arbeit ihr Leben lang nicht gegeben, dann aber tun sie sie in einer kurzen Zeit des Sterbens, wenn Narkotika sie nicht daran hindern. «Wofür ich sechs Jahre Therapie brauchte, das schaffte meine Schwester in den Monaten ihres Sterbens.» «Mein Vater war im Sterben, wie ich ihn mir immer wünschte. Er tat, was getan werden mußte; seine Wehleidigkeit und eine Hemmung, auf andere zuzugehen, waren weg.»

Gehört es zur Teilhabe am Leben, wenn wir uns in der Sache des rechten Todeszeitpunkts ein Mitspracherecht einräumen? Oder ist der immer im Unrecht, muß in die Psychiatrie geschickt werden, der es beansprucht? Es gibt für diesen «Eingriff in Bestehendes» aus guten Gründen einen Tabuinstinkt. Er ist von der Angst des Dingmenschen davor, sich «wegzustehlen», vor dem Eigentumsverbrechen, zu unterscheiden. Es gibt aber auch einen anderen Instinkt. Er sagt: Es ist denkbar, daß die biologische Lebenskraft die Sinnkraft eines Lebens überwuchert. Es mag eine Diktatur des Leibes, des zivilisatorischen und medizinischen Standards geben, die uns unseren Tod überleben läßt. Es ist denkbar, daß wir in unserem Selbst ein Gespür dafür haben, wann «unsere Zeit gekommen» ist. Vielleicht ist es nur von der Todesfurcht, dem Überich-Gebot, unter jeden Umständen leben zu müssen, von der allgemeinen Instinktverkümmerung in subtilen Lebensfragen verschüttet. Es ist hier nicht von der Vorausahnung des Todes die Rede, sondern von einem Gefühl für die rechte Zeit des Abschieds. Beides mag freilich zusammengehen. In solchen Überlegungen lebt die Erkenntnis, daß das Sterben etwas Aktives ist, das wir wollen; und daß der Todeswille des Selbst, der ihm angemessene Todesaugenblick, und der biologisch «verordnete» Sterbezeitpunkt möglicherweise nicht synchron sind. Auch Plato schließt gewisse Selbsttötungen als angemessen nicht aus. Es wäre «also wohl nicht unvernünftig, daß man nicht eher sich selbst töten dürfe, als bis der Gott irgendeine Notwendigkeit dazu verfügt hat …»[64] Die Bibel verwirft die Selbsttötung nie ausdrücklich; Autoren der christlichen Tradition verteidigen sie als moralische Möglichkeit unter bestimmten Umständen.

Haben wir also jenes Mitspracherecht? Es scheint, die Frage «Darf ich mich gewaltsam töten?» ist nur auf dem Boden einer bestimmten Leibstruktur notwendig, des Leibes nämlich, dem die Fähigkeit zum gewaltfreien Sterben «aus der Seele heraus» fehlt. Der Leib, der – paradox gesagt – den Tod eines Menschen überlebt, ist ein widerständiger, psychosomatisch «dickfelliger» Leib. Er ist ein Angst- oder Überichding; der teilhabende Leib dagegen ist einfühlsam, offen für die Todeswinke des Selbst. Einer Gruppenteilnehmerin, die früher klinisch tot war und es nun schwer hatte, das Leben wieder anzunehmen – obgleich sie selbst sich in der Todestrance dazu entschlossen hatte, also kein Reanimationsopfer war –, sagte eine Stimme in einer wachen und visionären Nacht: «Wenn es zu schwer wird, darfst du sterben.» Ein offener Leib ist empfänglich, wenn das Selbst – also nicht das Willkür-Ich – die Erfüllung oder die Schwere des Lebens in den Tod überführen will. Er empfängt dann sein Sterben vom Selbst. Denken wir an die Fähigkeit der Primitiven zum Tod bei Tabuübertretung: Sicherlich folgten sie oft mehr der Stimme ihrer Angst als derjenigen ihres Selbst. Aber ihr Leib war offen. Denken wir auch an tibetische Lamas, die sich freiwillig, in meditativer Sterbetrance, «ausleiben» konnten. Es gibt auch bei uns das psychogene Sterben: Pensionierungstod, Tod nach dem Tod eines Ehepartners, Krebstod. Unterscheiden wir dabei aber zwischen einer Krankheit, die als Stellvertreterin eines tödlichen Familiensystems einen Menschen umbringt, und dem Sterben aus dem Selbst. Vielleicht können wir lernen, einen offenen Leib zu haben, dessen Leben und Sterben wir vertrauen können. Möglich, daß mein Leib schon offen ist. Wie kann ich es aber wissen? Wenn er es nicht ist, gibt es Situationen, in denen ich Gewalt gegen ihn anwenden darf? Wie kann ich wissen, daß er es nicht ist? Wie kann ich wissen, daß die Gewalt sich nicht irrt? Hier sind nur Glaubens- und Instinktentscheidungen möglich.

Es kann sein, daß die Trance uns eine Stelle unseres Todes an unserem Körper zeigt. «Meine Todesstelle ist am unteren Hals, rechts. Ich weiß nicht, was das bedeutet. Ich habe dort nie etwas erlebt. Ich kann nicht fest an sie denken, ohne zu weinen. Ich hatte das Bild, eine Leiter ist dort angelehnt; ich kann aus- und einsteigen.»

Wir können in Trance durch unseren Tod gehen. Ich stehe hier, er dort. Wir gehen aufeinander zu, ineinander hinein, bleiben so stehen. Er geht weiter, ich gehe weiter. Halte ich nach meinem Tod Ausschau, so muß ich vermeiden, etwas zu sehen, das mein Ich für den Tod hält. Das Selbst muß die Freiheit haben, mir das Bild des Todes zu zeigen, das es sich jetzt macht. Die Bilder entwickeln sich, bis er tatsächlich selbst erscheint.

Wir können unseren Tod auch um Träume bitten.

> Der Tod trägt die Weltkulissen ab.
> Er reißt die bemalten Vorhänge von den Fenstern,
> Die wir «Aussicht» nennen.

> Der Tod zerreißt den Körper
> Wie einen Mantel.
> Er macht uns nackt.

Die Nadel im Heuhaufen

Brauchen wir Gott, um teilhabendes Bewußtsein zu sein? Gott dient oft der Anklammerung. Dogmatik, Sparen auf die «ewigen Wohnungen», «Dein Wille geschehe»: Leistungen. «Gott ist Mensch geworden.» Will er dann aber nicht, daß der Mensch an sich selbst teilhat, um ihn zu finden? Das alltägliche Ichsagen ist ein Ich-bin-nicht-Gott-sagen. Würde ein menschgewordener Gott nicht wollen, daß wir es aufgeben? Daß der Mensch betet: «Mein Wille geschehe»? Der Wille des Selbst, das Gott ist. Wollte er nicht, daß wir das Scheinbild des äußeren Gottes der Unterwerfung und des Handelns, des Ich- und Leistungsgottes aufgeben, um den inneren Selbst-Gott zu finden? Er würde so reden: «Taucht in den verschmutzten Strom. Darunter fließe ich, die reine Strömung. Habt Ehrfurcht vor allem Seienden. Ich bin alles Seiende.» Er würde auch im Blumentopf wohnen. Er wäre unser Unbewußtes. Wir könnten zu ihm aufrichtig sein, ihm zumuten, was wir unseren Therapeuten zumuten. Nur der Gott der Unterwerfung braucht die Heuchelei. Er wäre sich auch nicht zu gut dazu, unser Versuch und Irrtum zu sein. Unser Selbst, obgleich Gott, wäre nicht unfehlbar. Er wollte, daß wir den Glauben an das Unfehlbare aufgeben. Er würde unser Lernen aus dem Selbst lieben, unser Teilhabelernen, Gottlernen. Wir dürften ihn auch bald «Gott», bald «Göttin» nennen. Nur der Gott der Angst braucht das eine Bild, das allein ihn selig macht. «Ich bin euer Atem, euer Tanz, eure Sexualität, eure Freiheit, euer Elend, die Nägel an meinem Kreuz.» Er würde uns dennoch nicht alles sein wollen. Wir brauchen in dem Ganzen, in dem wir eins mit uns sind, auch Menschen, Tiere, Blumen. Er wäre ein Element in dem Ganzen.

Die Teilhabe ist göttlich. Bedingungslose Teilhabe ist der einzige Weg zum Gefühl der unbedingten Zugehörigkeit. Wir stellen gerne Bedingungen. «Ich lebe erst, wenn ...» Wir können jenen Weg wählen, ohne zu wissen, wie weit das Selbst uns trägt. Zu Beginn fühlen wir Schwäche, Verfolgungsbilder treten auf. Wir müssen erst Erfahrungen gegen die Angst machen. Bedingungslose Teilhabe, das ist die Mühe des Vertrauens, der Schmerz der Ergebenheit, die Anstrengung, die Ichkleider auszuziehen. Sind wir geliebt worden, dürfen wir diese Erfahrung überall wiederfinden, wo sich uns etwas zuspielt, das trägt.

Es gibt Ebenen der Teilhabe. Stößt eine uns aus, mag das Selbst eine neue finden. In jeder unserer Welten können wir in einem besonders getönten Vertrauen schwimmen. Die Jugend etwa hat ein anderes als das Alter. Trägt die Freude nicht, tut es der Schmerz. «Das Leben ist dazu da, daß wir etwas Wichtiges lernen.» Dies ist eine Überzeugung, die Menschen sich tiefer einnisten läßt.

Auf eine grundlegendere Teilhabeebene übergehen heißt immer: die Nadel im Heuhaufen finden. Gott, das Ganze, ist die Nadel im Heuhaufen. Das Ich sucht und sucht. Wenn wir das Ich, den großen Heuhaufen, wegschaffen, liegt sie einfach da.

Anmerkungen

1 G. A. Bürger: Münchhausen (Frankfurt/M. 1976), S. 53 f.
2 M. Berman: Die Wiederverzauberung der Welt (2. Aufl., München 1984), S. 16.
3 Brihad-Âranyaka-Upanishad I, 4. In: Hillebrandt (Übers.): Upanishaden (Köln 1977), S. 56.
4 J. Campbell: Lebendiger Mythos (München 1985), S. 75 f.
5 Aus den indischen Gesetzen des Manu (Mānava-dharmāshastra), zit. nach Campbell, a. a. O., S. 81 f.
6 Folgen wir der Darstellung von H. Göttner-Abendroth: Die Göttin und ihr Heros (4. Aufl., München 1984).
7 W. Müller: Neue Sonne – Neues Licht (Berlin 1981), S. 265.
8 Müller, a. a. O., S. 242.
9 Müller, a. a. O., S. 242.
10 Müller, a. a. O., S. 243.
11 Enuma Elish, Tafel IV. Zit. nach E. Fromm: Märchen, Mythen, Träume (Reinbek bei Hamburg 1983, rororo sachbuch 7448), S. 155.
12 So J. P. Sartre: Das Sein und das Nichts (Hamburg 1952), S. 701 ff.
13 S. Ferenczi: Schriften zur Psychoanalyse I (Frankfurt/M. 1970), S. 152.
14 S. Grof: Topographie des Unbewußten (Stuttgart 1978), S. 127.
15 Grof, a. a. O., S. 128.
16 H. Kalweit: Traumzeit und innerer Raum (Bern–München–Wien 1984), S. 107.
17 W. Whitman: Grashalme (Reinbek bei Hamburg 1968, rororo klassiker 231/232), S. 57.
18 G. Benn: Gesammelte Gedichte (Wiesbaden–Zürich 1956), S. 290.
19 Zit. nach Campbell, a. a. O., S. 269.
20 G. Kolpaktchy (Übers.): Ägyptisches Totenbuch (Bern–München–Wien 1970), S. 115 f.
21 Bhagavadgita, 3. Gesang. In: L. v. Schroeder (Übers.): Bhagavadgita/Aschtavakragita (4. Aufl., Köln 1985), S. 40 f.
22 Bhagavadgita, 8. Gesang, a. a. O., S. 59.
23 Brihad-Âranyaka-Upanishad, a. a. O., S. 54.
24 Brihad-Âranyaka-Upanishad, a. a. O., S. 55.
25 Zit. nach Kalweit, a. a. O., S. 81.

26 Zit. nach Müller, a. a. O.. S. 71.
27 Brockhaus' Konversations-Lexikon (15. Bd., 14. Aufl., Berlin–Wien 1898), Stichwort «Trance».
28 M. Csikszentmihalyi: Das flow-Erlebnis (Stuttgart 1985).
29 J. Grinder/R. Bandler: Therapie in Trance (Stuttgart 1984), S. 34. Die folgenden Zitate ebd., S. 37, 24, 25, 48.
30 Zit. nach Kalweit, a. a. O., S. 247.
31 Zit. nach Csikszentmihalyi, a. a. O., S. 62 f.
32 Bhagavadgita, 3. Gesang, a. a. O., S. 42.
33 Müller, a. a. O., S. 282 ff.
34 W. F. Otto: Theophania (Hamburg 1956, rde 15), S. 43.
35 E. Herrigel: Zen in der Kunst des Bogenschießens (Weilheim 1973).
36 G. van der Leeuw: Phänomenologie der Religion (2. Aufl., Tübingen 1956), S. 45.
37 Grof, a. a. O., S. 127.
38 Novalis: Hymnen an die Nacht (München 1983, Goldmann Klassiker 7572), S. 17.
39 Novalis, a. a. O., S. 11 f.
40 S. Freud, Ges. W. XI (4. Aufl., Frankfurt/M. 1966), S. 84 f.
41 Brihad-Âranyaka-Upanishad, a. a. O., S. 79 f. Nächstes Zitat ebd., S. 80.
42 S. Kierkegaard: Der Begriff Angst (Hamburg 1960, Rowohlts Klassiker 71), S. 40.
43 G. Snyder: Landschaften des Bewußtseins (München 1984), S. 114.
44 S. Freud, Ges. W. I (2. Aufl., Frankfurt/M. 1964), S. 567.
45 Zit. nach L. Lévy-Bruhl: Die geistige Welt der Primitiven (Darmstadt 1966), S. 94.
46 Zit. nach Lévy-Bruhl, a. a. O., S. 97.
47 Zit. nach Lévy-Bruhl, a. a. O., S. 96.
48 Müller, a. a. O., S. 63 ff.
49 Lévy-Bruhl, a. a. O., S. 91.
50 Zit. nach Lévy-Bruhl, a. a. O., S. 94.
51 Politeia IX, 572 b.
52 A. Schott (Übers.): Das Gilgamesch-Epos (Stuttgart 1982), S. 21.
53 L. Bernstein: Von der unendlichen Vielfalt der Musik (Tübingen 1968), S. 273.
54 H. J. Eysenck/C. Sargent: Der übersinnliche Mensch (München 1984), S. 84.
55 Herrigel, a. a. O., S. 47.
56 M. Balint: Therapeutische Aspekte der Regression (Stuttgart 1970).
57 M. Balint: Angstlust und Regression (Stuttgart o. J.).
58 Grof, a. a. O., S. 127.
59 S. de Madariaga: Kolumbus (München–Zürich o. J., Knaur 828), S. 347.
60 T. Verny: Das Seelenleben des Ungeborenen (München 1981), S. 32.
61 Grof, a. a. O., S. 127.
62 Phaidon 62 b/c.

63 C.F. v. Weizsäcker: Der Garten des Menschlichen (Frankfurt/M. 1982, Fischer tb 6543), S. 114. Die folgenden Zitate ebd., S. 114, 115.

64 Phaidon 62 c.

Bildnachweis

S. 8 Holzschnitt von Gustave Doré.
Die übrigen Bilder sind Aquarelle des Autors.

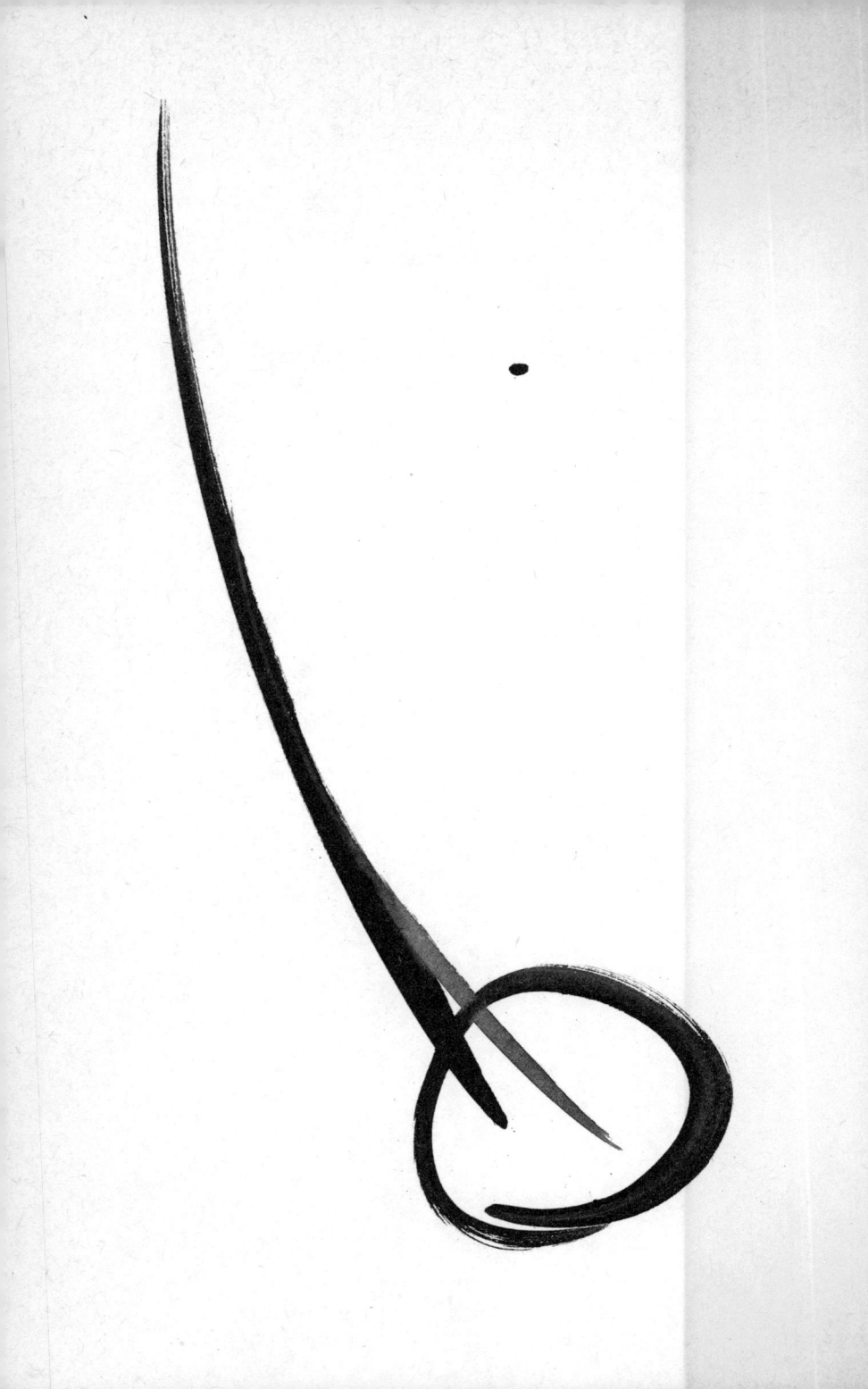